INFLUENCING
the INFLUENCERS

超級影響者的密碼

在自媒體時代,掌握話語權、說好自己故事,
丁菱娟解密品牌×公關×溝通方程式,
助你放大影響力!

影響力導師 丁菱娟——著

目錄

推薦序　學習公關正是時候，
　　　　發揮影響力的捷徑指南　　　　王馥蓓　　9

推薦序　「加誠」的力量　　　　　　　　黃麗燕　　13

推薦序　相信公關，公關就會幫助你　　　陳修平　　17

作者序　公關改變了我的人生　　　　　　　　　　　21

第一章　影響力的本質　　　　　　　　　　　　　26

公關人，最懂得說什麼話的人

信任的設計者：在對的時機，對對的人，說對的話

溝通的工程師：處理問題、面對問題、超越問題

自媒體時代，為什麼更需要公關？

企業懂公關，學會「說好」自己的故事

相信溝通可以改變世界

不是等待危機，而是持續表達價值

第二章　無形無價的影響力　44

公關的三大關鍵能力

建立品牌形象的四個一致性原則

誠信與影響力才是真正的價值

發言人：企業展現「公關力」的化身

影響力無形，價值無價

誠信是第一原則，別為粉飾太平而做公關

誠實傳遞訊息，補足不為人知的八十分

公關心內話──對我而言，公關是一場高壓又快樂的冒險

第三章　放大影響力的祕訣　68

超級品牌的七塊拼圖

千倍散播力的技巧：用視覺或圖表說故事

公關心內話──我心目中的公關標竿

第四章　自媒體時代是全員公關的時代

從 CEO 到自媒體網紅，公關無所不在

公關的重要性：不再侷限於企業，而是深入個人品牌

建立形象，累積無形的資產

和有影響力的人，保持魚與水的關係

打造個人品牌的關鍵因素

別讓苦心經營的形象，毀於一刻

第五章　AI 浪潮下的公關行銷新趨勢

公關人如何擁抱 AI 與大數據？

四種媒體模式，創造大聲量

KOL 的影響力與社群的結合

實時互動模式，直播主也是一種 KOL

公關心內話──公關不是天生外向，但後天絕對可以磨練而成

第六章　經營「利益關係人」的精髓　　132

以議題為核心，連結利益關係人

多維度關係管理：PR、IR、GR

公關心內話——誰是你最重要的利益關係人？

第七章　與媒體互動的藝術　　148

企業與媒體的關係：魚幫水，水幫魚

經營媒體的關鍵：尊重與信任

與媒體共舞的心法：了解需求、激發興趣

接受採訪的 Do and Don't

言之有物的說話技巧：訊息房屋架構

設計標題語言，開口就是金句

關鍵時刻，千萬不要即興演出

第八章　塑造內外一致的企業文化

攘外先安內,別忽略內部溝通

從快樂員工到滿意客戶

凝聚員工,從核心價值做起

好的企業文化,把人才黏緊緊

理念要落地,別說一套,做一套

公關心內話──有快樂有淚水,才是真實的公關人生

第九章　企業與個人必修的危機管理課

危機管理的黃金法則:溝通與行動並行

處理危機的三個主要溝通訊息

危機管理三階段:預防、控制、修復

處理危機前,先解決忿忿不平的心理關卡

危機處理的現實,全身而退不容易

不能說的祕密怎麼辦？

坦誠以待，不說謊亦不失分寸

議題管理的四種策略

危機後的檢討與反省

公關心內話──小公關，大思維：從台灣到全球的行銷啟蒙

第十章　擁抱公關思維，實踐社會影響力　246

企業公關溝通的四種途徑

新創企業或中小企業，需要公關嗎？

企業發言人的角色與工作

小編不只是小編，也是企業形象守門員

社會責任怎麼做，才讓品牌更加分？

個人品牌也是社會影響力的實踐者

寫在最後　每個公關人背後，都有精彩的故事　267

―― 推薦序 ――

學習公關正是時候，
發揮影響力的捷徑指南

電通集團永續顧問長　**王馥蓓**

　　Olive 是我的老闆、前輩、導師，也是姊姊。我們兩人同月同日生，所以每年總會找機會慶生、聚餐，我也可以順便向她請益兼交換心得。當她告訴我準備出版公關內容的書籍，我毫不猶豫地說：「太棒了！我們需要妳這位俠女教育市場、導正觀念！」

　　這是一本觀念書、經驗書，也是一本教戰手冊。
　　Olive 以多年在公關江湖走跳的經驗，教育市場了解公關的真諦、導正市場對公關的迷思，進而讓更多有興趣的人

可以投入公關工作,以及知道如何運用公關的專長。

我很幸運能從事公關工作超過二十五年,對於這個工作,也有很深刻的體驗。許多人帶著「度數不夠」的眼鏡看公關工作,以為就是與形形色色的人打交道、套關係,又或者覺得公關就是搞定媒體,把業主想說的話,一五一十地呈現在各種媒體版面上。

這些想法都窄化了公關的價值。

事實上,公關最大的價值就是發揮影響力。無論數位社群有多發達,或溝通管道有多複雜,公關的價值還是在於協助企業、政府、組織等機構,將理念、想法、產品、服務等,透過關鍵的影響者或溝通管道,讓人們願意聆聽、相信,進而採取行動。

這當中所謂的行動,從購買產品、投資股票、成為員工、影響法令、制定政策,到改變社會,都有可能是公關發揮影響力的範疇。因此,公關不是「強迫推銷者」,反而比較像是「觀念傳教士」。

另外,公關必須以「事實」為基礎,以「誠信」為核

心。在發揮影響力的過程中，公關必須規劃與設計想要溝通的主軸與訊息。內容形式可以充滿創意、數據導向、溫暖感人等各種文字、視覺或影音，但都必須以事實為基礎，不能捏造未曾發生過的事。更重要的是，公關必須以誠信為核心，不能欺騙或說謊。尤其在社群媒體發達的今天，資訊流通快速，謊言很容易被拆穿，好不容易建立的信任基礎，很可能因此被破壞。

當然，我也常被詢問，公關工作的本質是什麼？我認為，是促進雙方或多方的了解與溝通。

在過去服務客戶的場景中，扮演傳達者的一方，通常是企業、政府或組織，大多會以自我為中心，強調「我想講什麼」。事實上，在構思傳達內容時，更重要的是積極地聆聽，了解他們目前的認知、感興趣的內容、及如何影響他們。溝通對象有可能是消費者、員工、合作夥伴、政府等。

因此，公關公司或公關人員所扮演的角色，就在於促進雙方的了解與溝通。可惜的是，在社群媒體掛帥的時代，人們通常說得太多、但聽得太少，缺乏理性對話的能力，造成

了「有溝無通」的情況。

　　公關是一門博大精深的實務學問。無論是否正在從事這樣的工作，我都高度推薦學習這門實務學問，不僅有助於職場溝通技巧，也可以從更全面的角度觀察商業世界的運作。

　　至於學習公關發揮影響力的捷徑，當然就是買下這本書，領略 Olive 公關精髓與經驗！

―――― **推薦序** ――――

「加誠」的力量

WAVE中小企業CEO品牌╱領導學創辦人　**黃麗燕**

　　菱娟是我在銘傳五專（今銘傳大學）時的同班同學，她聰明、認真、用功就算了，還長得漂亮、有氣質，又會寫歌，更別說她歌聲之好聽。

　　在外面，她不說，我都不敢說我們是同學，反正也不會有人相信。當同學的時候，她對我來說已是仙女般的存在，但過了四十幾年，她幾乎沒什麼改變，這真的是太神奇了。

　　不只是外在的美貌，她對世界的好奇、充滿正義感的態度，一直都在，尤其是那顆誠懇、想幫助他人的心。這也是我從她身上學到、看到的，年齡不會讓人變老，心才會。

她不斷地自我蛻變，從開公司到賣給國際集團，讓公司國際化；從寫文章到出好幾本書；從學畫畫到開畫展；從聊天到三百六十五天的演講達人，還可以到處遊山玩水，以為她要創立第三人生的示範時，卻來了個甩尾，出了這本像是教科書的公關書。

　　明明是無趣的公關教條，偏偏她講公關的原則之前，先聊公關態度，她聊媒體關係相處之道之前，卻先講不應酬。她講解公關操作步驟時，都不忘記加上自己一路走來的經驗與案例。甚至講起當代顯學的社群與公關關係操作，也都頭頭是道。

　　這也讓我不禁想起，這大半年來，我們為台灣中小企業CEO設計的WAVE品牌領導課程所得出的心得：學理再多，沒有行動驗證、無法落地，都是空談。

　　而且不只如此，菱娟在這本書裡也做了很好的個人品牌示範。

　　她帶給大家的不只是技術、不只是核心能力，不只是那些公關的一二三與ABC，還有溫度、有體驗，有記憶與經驗。

因為這些元素，品牌才會有生命，也才能獨一無二、與眾不同。

在書中，菱娟濃縮了她超過三十年的寶貴經驗，提出了鞭辟入裡又有條有理的洞見，清楚地架構出必學的公關策略。像是如何做好議題設定、如何蓋好你的「訊息房子」，甚至如何透過給予記者「標題」的方式，管理你的發言。這些扎實的工夫，都讓你能在誠懇的基礎上，將公關的力量發揮到淋漓盡致。

最後，我算了一下，菱娟的書中，「誠」字出現了六十次，包括了誠信、真誠、忠誠、誠懇等，在在說明了人與人的關係裡，「誠」本就是世間不變的道理，在公共關係裡亦若是。

在重視關係的社群時代中，靈活運用公關的策略，讓公關為你的行銷「加乘」，同時，不要忘記關係裡誠懇的本質，在正確的策略上「加誠」，一定能發揮公關指數型的強大力量！

―― 推薦序 ――

相信公關，公關就會幫助你

ShiFu師父創辦人　陳修平Joey

丁老師是我創業路上的貴人。

2016年我做跨境電商，剛好搭上紅利，第三年就營收四億，拿到創投的投資。當時創投公司，安排兩位前輩輔導我們，其中一位就是「公關教母」丁菱娟老師。

當時我正在為業績煩惱，老師一針見血：「要做得久，就一定要建立品牌、相信公關，才能擺脫價格戰。」後來我報名丁老師「影響力學院」的課程，從頭學習。一年過去，我發現「品牌公關」，確實有一套明確落地的方法論。

公關發言尺度如何拿捏？

老師一句話講明白：「假話絕不說，真話不全說。」簡單好用，馬上落地。

公關如何落實到具體工作？

老師說：「公關，就是影響有影響力的人。」透過經營利益關係人，讓品牌更具影響力。

丁老師也提醒我，員工也是重要的利益關係人，有開心的員工，才有開心的客戶。我在經營公司時，始終奉行這個原則，凝聚更高戰力的團隊。

看這本書，不只要學方法，還要學心法，一定能看到正向改變。

這次新書改版，除了原有精華，還加入 AI 工具的應用方法、洞察趨勢、掌握輿情、精準溝通。協助品牌公關人，更有效率地開展工作。

丁老師做事的方法，沒有投機取巧，也沒有捷徑。只有條條正道、穩紮穩打，讓品牌長遠經營。

無論你是創業者、主管，或是想提高能力的從業人員，

這本書，值得一讀再讀。

　　最重要的是，看完以後，一定要照著書中的觀念，開始行動。

　　相信公關，公關就會在各種層面幫助你。

―― 作者序 ――

公關改變了我的人生

　　從我出社會開始，我的工作經歷一直與「品牌公關」緊密相連，這個標籤如影隨行。離開職場之後的我，其實很想要與公關二字切割，但是來自於創業學生們以及中小企業主的需求與期待，我在第三人生反而因它重新與年輕人連結。於是我轉念，無論是透過課程或是媒體，在我的第三人生推廣品牌公關的正確理念，讓更多人知道如何運用它樹立良好的形象、為社會帶來正面力量，這是我現在的人生使命，我很願意成為品牌公關的終身志工。

　　在社群媒體年代，公關之於個人和企業更形重要，而這

本書就是傳遞我對公關應有的樣貌和期許，我也感謝公關行業的經歷豐富了我的一生。

回顧我的職涯旅程，真是覺得奇蹟。當年一個二十二歲大學中文系剛畢業的小女生，對於未來充滿了迷惘與未知，如果她知道幾十年後，因為勇敢選擇了公關工作，讓她活出自主又燦爛的人生，應該會開心到不行。就是因為公關這行業，讓我變成了今天滿意的自己。

經過公關工作長時間洗禮，公關也隨著世界趨勢一直改變及迭代，尤其是社群媒體的興起，更是改變公關的形態。因此，我一直覺得很可惜，社會上很多人對公關有很多的迷思，要不覺得公關就是包裝，要不就是覺得公關充滿了算計和心機，無法給公關一個公平正確的評價。

其實，公關不僅是品牌的代言人，更是改變社會的一股正向力量。通過公關，我們能夠賦予品牌靈魂，為社會議題發聲，促進不同群體之間的理解與合作。我期許每一家企業都有能力運用公關的思維，以正面故事影響更多人，為社會創造更美好的未來。如果能夠看到，並且真誠地運用公關善的力量，就能改變我們的人生及企業。

公關不只是工作，而是思考方式

在公關這個行業裡，我學到了很多寶貴的技能。首先我學會了如何有效地溝通，無論是與同事、客戶還是和媒體打交道，溝通都是至關重要的。通過不斷的實踐，我掌握了如何清晰、簡潔地表達自己的想法，並且能夠根據不同的對象調整溝通方式。這不僅讓我的工作更加順利，也讓我在生活中受益匪淺。

其次，公關工作讓我具有企劃力。無論是策劃活動、撰寫文案，還是應對突發事件，都讓我發揮左腦理性，右腦創意，找到最佳的解決方案。它讓我學會了如何在壓力下保持冷靜，並且能夠迅速地提出突破的想法。

還有，公關工作讓我學會了如何處理壓力。在公關產業裡，壓力無處不在。無論是面對緊迫的截止日期，還是應對突如其來的危機，如何時時保持冷靜，並且迅速地找到解決問題的方法，處處都在磨練我的應變能力。有了這些經驗，也讓我在面對生活中的挑戰時更知道如何自處。

最重要的是，公關工作改變了我的思維方式，讓我變得

更加成熟、敏銳，還學會了如何站在別人的立場思考問題，理解他人。身為一位公關人，我們需要不斷地與不同的人打交道，了解他們的需求和期望，無形中也培養了我在人際關係中善於同理他人的特質。

在這本書裡，我希望能夠讓更多的企業或個人理解公關的力量，並且將這些力量運用到日常的品牌管理中。無論是建立企業或個人品牌的故事，還是與客戶、消費者、粉絲的互動，公關都能幫助我們站在一個高度上，化解歧見或紛爭，讓品牌不僅被看見，更能被認同和喜愛。

企業如果不懂公關，或許能賺錢，但絕對成為不了偉大及受人尊敬的公司。個人也是如此。因為，公關不僅是一門學問，它還是一門藝術，一門需要用心去經營的藝術。

這本書，獻給那些相信改變，並且渴望在事業上有所突破的你。希望你能夠在字裡行間找到屬於自己的公關智慧，並在未來的日子裡，讓你的品牌在市場中發光發熱。

最後，我要特別感謝我的秘書 Fion，以及天下雜誌出版的編輯何靜芬，要不是有這兩位細心又負責的神隊友一起督促我、協助我，並提供建議，這本書不會又再度改版問世。

無論你是正在探索公關的學生,還是已經行走在這段旅程的專業人士,或是專心經營企業的領導者,讓我們共同攜手,一同致力於讓這個世界更加和諧美好。

　　你們的努力,將是這個時代裡最動人的故事。

第一章

影響力的本質

運用公關，在對的時間，表達對的觀點；
練習整合，把碎裂的資訊化成清晰的路徑，
打造可信任的個人品牌，發揮影響力。

當你聽到「公關」這兩個字,腦中浮現的是什麼畫面?是西裝筆挺、笑容滿面、出入各大場合的交際高手?還是記者會上那個能在十秒內回答敏感問題、滴水不漏的人?抑或是危機處理時出面背鍋、臨危不亂、幫老闆擦屁股的「救火隊長」?

如果你曾經有這些印象,不怪你,因為大多數人對公關都有誤解,也很難有人可以說得清楚,這些印象只能說看到公關的「外貌」,還沒有碰觸到它的「靈魂」。

公關不是八面玲瓏,也不只是能言善道。**真正的公關,是一門關於「信任管理」的專業**,是讓理念、行動與話語產生一致性的能力。換句話說,公關不只是發新聞稿、辦活動或是讓媒體曝光,而是站在品牌與社會之間,設計一套「別人怎麼看你、怎麼相信你」的路徑。

公關不是華麗的外衣,而是企業價值的表達,是組織文化的共鳴器,更是在危機中說出正確語言的指揮官。

公關人，最懂得說什麼話的人

在自媒體年代，我們每個人幾乎都是一個「小媒體」，手上有話語權、有內容、有觀眾。那你可能會問：既然每個人都可以直接講話，企業還需要公關嗎？答案是：更需要。因為資訊太多、觀點太亂、聲音太雜。越是每個人都能發聲的年代，越需要有人來做「話語的整合」，建立一致性、可信度與影響力。

在這樣的環境裡，說錯一句話可能造成品牌信任度下滑，說對一句話則可能創造共鳴風潮。

一句話講不好，是失言；但一句話講對，可能成為信仰。這不是技巧，而是一種判斷力與價值選擇。公關就是那個整合的人。它幫助企業知道該對誰說話、在什麼時間點說話、用什麼語氣說話，說出什麼話語才有力量。

> ❝ 公關不是舞台上的明星，而是觀眾席裡最了解劇本、情緒與時間點的人。❞

如果你只能記得一句話，請記得這句：「公關不是替你說話的人，而是幫你找到『值得被相信的說法』的人。」

公關不是舞台上的明星，而是觀眾席裡最了解劇本、情緒與時間點的人。公關不是掌聲的製造者，而是「你講得出來、別人聽得下去、世界記得住」的設計師。

這個時代，說話的方式變了，但說話的價值，從來沒變。甚至比以往任何時候都更重要。因為現在，不只是企業要會說話，領導人要會說話，連每一位在社群裡生活的人，都得學會「怎麼說、對誰說、什麼時候說」。

信任的設計者：
在對的時機，對對的人，說對的話

我們過去常把「公關」看成一種形象修飾，一種企業變得「比較有溫度」的手段。但事實上，現在的公關，早就不只是「畫龍點睛」了，它是你要不要被看見、被相信、甚至能不能存活的關鍵。

公關做得好,不一定天天上新聞,但能讓你在關鍵時刻「上得對、講得準、退得下」;公關若做不好,不只是沒有聲量,更可能被錯誤訊息淹沒,連開口澄清的機會都沒有。

在這個資訊氾濫、立場撕裂,甚至是每個人都可以當媒體的時代,公關是一家企業的溝通系統,是企業的大腦、嘴巴與耳朵。沒有它,你看不見世界,說不出重點,也聽不到別人的聲音。

公關最早被看見的價值,是「讓你被看見」。但到了現在,真正的價值,是「讓人願意相信你」。在資訊爆炸的時代,誰都可以製造內容,但不是每個人都能累積信任。這才是公關真正厲害的地方,它不是讓你紅,而是讓你「值得被記住」。

很多企業都犯了一個錯,以為「話題多=公關強」,但現在的公關,不再只是經營媒體關係、發新聞稿或活動安排,而是「信任的設計者」。

你怎麼對待社會議題、怎麼面對錯誤、怎麼展現價值,這些都不靠廣告,是靠你平常怎麼說話、怎麼做事,靠得就是一套有系統的溝通思維。

簡單來說,好的公關,不只替你發聲,也幫你準備好面對質疑、處理誤解、承擔責任。

溝通的工程師：
處理問題、面對問題、超越問題

還記得早年多數的企業對公關有一種迷思叫,「出了事就請公關處理」。好像只要找個口才好的、會寫新聞稿的、能快速滅火的人,就能解決問題。但是如果沒有針對問題拆彈,直面錯誤或缺失,那其實不是「公關」,那只是迷幻的「話術」。

真正的公關,是在事情還沒發生前就參與企業文化與決策,預測風險、設計回應、建立聲譽。好的公關,不是危機發生時才現身,而是在平時就已專注於整體的經營節奏。

企業品牌、領導人形象、消費者信任、員工凝聚力、利害關係人的理解,這些看似不同的面向,其實都繫在同一條線上,那就是「你說話的方式」。

我們也看過不少成功企業,並不是因為產品最好,而是因為說故事的能力強,能讓消費者感動並買單,他們不是用錢堆出話題,而是用觀點、價值與一致性的溝通,建立一種「用願景理念號召人們」的高度。

　　就像蘋果創辦人史蒂夫·賈伯斯的名言:「世界上最有影響力的人是說故事的人,說故事的人決定整個未來世代的願景、價值觀和議題。」他在廣告影片不說產品有多強,而是說「唯有那些瘋狂到想改變世界的人,才能真正改變世界。」於是他號召了一群忠實的果粉,真心相信蘋果能夠改變世界,而事實也是如此。

　　這種高度,就是公關的高度。公關不是「話術高手」,而是「溝通工程師」。所以公關真正厲害的,不是「怎麼把壞事說成好事」,而是「怎麼把真相說得更完整、讓人願意理解」。

> ❝ 這個時代,能力不稀缺,稀缺的是清楚傳遞訊息的能力。❞

第一章・影響力的本質

公關不是編故事的人,而是幫助真實有故事的人站上舞台的幕後推手,我們幫助企業找到可以被聽見的語言,找到面對世界的方法。

　　公關對企業的影響,是底層結構的改變。在這個價值混亂、真假難辨的時代,最需要的,是能夠傳遞誠實的人。**公關就是那位能夠協助處理問題、面對問題、超越問題,而非隱藏問題的人。**

自媒體時代,為什麼更需要公關?

　　最近有人問我:「你覺得公關公司還存活得下去嗎?還重要嗎?每個人都有手機、都經營社群平台,甚至 AI 都會寫新聞稿了,企業還需要公關嗎?」我笑了笑,反問:「你有手機,就會演講嗎?你有 AI,就能說服人嗎?你有觀眾,就代表你有影響力嗎?」

　　有這樣觀點的人以為,公關是傳統媒體的產物,現在大家都自己開帳號、直播開箱、寫社群文案,企業可以自己

「直球對決」大眾，何須再透過第三方來傳話？

但請試想，當大家都在說話，你要怎麼讓人願意停下來聽你說？當大家都在製造內容，你的內容要怎麼有意義、有層次、有策略？當大家都被演算法綁架，你要怎麼跳脫雜訊，成為那一個被信任的品牌？

這些，都不是一張圖片、一段影片可以解決的。它需要整體的策略架構、價值觀對位，以及清晰的溝通路線。這就是**公關的角色，整合你說話的方式，統一你出現的樣子，並協助你在關鍵時刻講出關鍵的話。**

社群讓每個人都有發聲的機會，但只有**公關，能讓你不只是「被看見」，還能「被理解」。**

▎案例解析：黃仁勳旋風的多層次公關策略

近年NVIDIA（輝達）執行長黃仁勳在台灣掀起的AI旋風，成功地展示了「公關」如何幫助品牌或企業領導人發揮影響力。我們來拆解一下，他的行程包括在台灣大學的演講、拜訪供應鏈夥伴，以及親自走訪夜市等等，這些舉動不僅強化了NVIDIA與台灣產業鏈的緊密連結，也深化了品牌

在人群中的親和力。

而黃仁勳的這些活動，從公關角度來看，背後都有其用意，不僅成功塑造品牌形象，也傳遞了多層次的溝通策略，例如：

1. 公開演講：強化專業領導形象

2024年黃仁勳在COMPUTEX（台北國際電腦展）上，發表主題為「AI如何帶動全球新產業革命發展」的演講，分享對生成式人工智慧（AI）的見解和NVIDIA的未來展望。演講開場時，他展示了台灣地圖，並列出了NVIDIA在台灣超過四十家供應鏈夥伴，突顯台灣在全球AI基礎建設中的關鍵角色。

2. 拜訪供應鏈：鞏固商業夥伴關係

在台期間，黃仁勳與多家台灣供應鏈大廠高層會面，例如鴻海、華碩、廣達等。這些互動不僅鞏固了NVIDIA與供應鏈夥伴的合作關係，也向外界傳達NVIDIA對台灣產業的重視與承諾，進一步強化企業間的信任與合作基礎。

3. 親近民眾：塑造親民品牌形象

黃仁勳身穿黑色皮衣加上一口流利台語，多次現身夜市等地與民眾親切互動，展現出反差感和接地氣的一面。這些舉動拉近了與一般大眾的距離，提升了品牌的親和力，並在媒體和社群平台上引發廣泛討論，成功提升品牌曝光度。

這些精心策劃的公關活動，成功地提升了 NVIDIA 的品牌形象，並深化了與台灣各界的連結，為產業未來的發展奠定了堅實的基礎。

當代職場與品牌世界，已經不是「誰做得最多」，而是「誰讓人記得住、相信你為什麼這樣做」。因此懂公關的企業知道該對誰說什麼話，訊息清楚，立場堅定，用願景和價值觀溝通，令人心生嚮往而追求。

> ❛❛ 公關的力量，不是放大聲音，而是讓聲音對準目標、穿透人心、留下價值。 ❜❜

企業懂公關,學會「說好」自己的故事

你可能會問公關有這麼重要?懂公關和不懂公關的企業差別到底在哪裡?

我看到台灣大部分的中小企業主,其中不乏所謂的「隱形冠軍」,每天辛苦研發、把產品打磨的好還要更好,品質一點也不馬虎,拚命找客戶讓產品上架,但依舊是知名度不高、媒體不報導、客戶不買單。這可能因為他說的是,自己想說的語言,沒講進別人願意聽的世界。

但一個懂公關的創業者,會從第一天起就問:「我做這件事,對世界有什麼價值?我要怎麼讓人知道、記得、願意分享?」他會先想到利益關係人,對誰說話,再想說什麼話。他會**把品牌當作一個「角色」來經營,而不是一堆產品的集合**。結果是:他做的事,比別人少,但影響力卻大得多。

同樣的情況也適用在職場上的上班族。不懂公關的專業人士,認真工作、表現穩定,卻常常在升遷時被忽略,因為他可能沒有讓人看見他的價值,沒設計自己的溝通節奏。

但懂公關藝術的人,不是靠誇張的表現取勝,而是懂得

在對的時機,表達對的觀點,建立「可信任的個人品牌」。他們知道**職場不是只有做事,還有一半是「讓人知道你怎麼做事、為什麼做得好」。**

這個時代,能力不稀缺,稀缺的是清楚傳遞能力的方式。懂公關的人,會說話,但更會讓人記住他為什麼而說,而且連結關係,懂得整合,產生影響力,這是現代職場與品牌世界真正的生存關鍵。**懂公關,不是要你去「演」一個角色,而是學會「說好」你自己的故事。**

相信溝通可以改變世界

公關實在太迷人,多樣的變化,富有挑戰性,所以有很多年輕人想踏上這條路,你可能會好奇:到底什麼樣的人,適合走公關這條路呢?我認為,三種特質的人,非常適合:

1. 對世界有好奇心的人

公關不是活在辦公室裡的工作,而是一種「活在**趨勢脈動中的生活**」。你必須關心世界,懂得觀察人

群,對流行與議題有靈敏的嗅覺。只有熱愛探索,你才能抓到別人沒看到的角度。

2. 有感受力的人

公關要能夠「換位思考」,這不是同理心這麼簡單,而是能站在對方的世界去理解他人的語境。你要懂得什麼話能打動人,什麼沉默才有份量,什麼時候該收,什麼時候該推。這是種細膩的情緒判斷力。

3. 能把複雜的事講清楚的人

公關的本質是「轉譯」。我們的工作是把企業的語言翻譯成大眾聽得懂的語言,把抽象的價值變成具體的故事,把分歧的觀點整合成一個共識。這需要邏輯、語感與對節奏的掌握。

當然,還有一種人非常適合,那就是「相信溝通可以改變世界」的人。因為我們做的不只是傳播,而是一種連結;我們創造的不只是形象,而是影響力。

不是等待危機，而是持續表達價值

這世界不缺聲量，缺的是方向。在這個喧囂的時代，我們要選擇成為安靜而有力量的聲音。

有時候，一個品牌陷入輿論危機，不是因為說得太少，而是因為「每個人說的都不一樣」；有些領導者讓人不信任，也不是因為他講話不夠多，而是因為他講的每次都在變。**信任，不是說服的結果，而是誠實的積累。**

公關的力量，就是把分裂的聲音變成合唱，把碎裂的資訊整理成一個清晰的路徑。我們不是去放大聲音，而是讓聲音對準目標、穿透人心、留下價值。

對企業來說，公關是一種「價值的持續表達」。許多企業以為公關只在危機處理時發揮作用，但其實，**最好的公關從不等待危機。**

> 這個世界說話的人太多，但懂得「怎麼說」的人太少。

稱職的公關會從一開始,就參與你的品牌價值設計、文化內化、利害關係人經營,甚至 ESG 等溝通。它讓每一個小動作都呼應你的大信念,讓你的存在本身就有一種「說服力」。

當一家企業能讓客戶、員工、社會與媒體,都產生共鳴,那不只是溝通,而是一種信任的滲透。

公關,從來都不是熱鬧中的尖叫,而是混亂中的穩定。它不只是要被聽見,而是讓聽見之後,產生連結。

這個世界愛說話的人太多,但懂得「怎麼說」的人太少。公關,就是那群願意花時間聆聽、花心思整理、花智慧溝通的人。

在這個充滿對話卻又孤獨的時代,若你願意成為那個讓彼此理解的人,那你也在做公關──不論你是企業主、創業家、領導者,還是一個平凡人。因為影響力的本質,就是你怎麼對待這個世界。

第二章

無形無價的影響力

影響力的價值無法用數字對價，
好的公關，能在關鍵時刻發揮作用，
在外界只知道二十分時，補足不為人知的八十分。
正確的理解公關價值，才能展現品牌的態度與高度。

記得有一次，一位廣告界的資深大老笑著對我說：「丁菱娟，你是我看過最不像公關人的公關人。」聽到這句話時，我忍不住大笑，順勢問了他原因。他回答：「因為你太『實話實說』，不像那些會加油添醋、包裝的人。」他的評價雖帶著調侃，但也讓我思考，為何大家會認為公關僅是包裝？究竟什麼才是公關的真正價值？

　　在許多人眼中，公關似乎是一種「說的比唱的好聽」的職業，甚至有人認為公關人只是依賴花言巧語來博取認同。

　　然而，對我而言，**公關的核心並不在於虛偽的「巧言令色」，而是在於如何用誠實與專業贏得信任**。實話實說並不等同於直言不諱，而是要懂得**用準確且有感染力的語言**，將「該說的話」說得漂亮，說得有力。

　　優秀的公關絕不是為了短期利益而扭曲事實或違背良心。真正的專業公關人，核心是建立清晰的價值觀與信念，明白什麼該做，什麼不該做。這不僅僅是一份工作準則，更是一種對職業的長期承諾。

公關的三大關鍵能力

真正了解公關的人會明白,這個行業並不需要「天生的社交高手」,更需要的是精湛的專業技巧。公關人的職業核心不僅僅是看起來擅於交際,更重要的是深厚的專業素養,尤其要具備以下三大關鍵能力。

關鍵能力1:議題管理

公關的價值在於能為品牌找到切中時機的關鍵議題,並圍繞這些議題創造話題。成功的議題管理需要公關人敏銳地觀察市場趨勢,且具備跨領域的知識與洞察力。

> 實話實說並不是直言不諱,而是要懂得用準確且有感染力的語言,把話說得有力。

關鍵能力2：危機溝通

危機是每個品牌與組織都無法完全避免的挑戰。在面對突發事件時，公關人必須迅速反應，穩定內外部輿論，並盡可能降低損害。同時，危機溝通的成敗，不僅關乎公關團隊的應變能力，更關係到品牌的長期形象與信譽。公關人在危機時刻所展現的冷靜、清晰的判斷力，往往決定了一場公關戰役的勝負。

關鍵能力3：利益關係人經營

許多人以為公共關係的「關係」僅指與媒體的合作，但實際上，這只是其中的一部分。關係經營涵蓋了與內部員工、合作夥伴、社會大眾，甚至政策制定者的互動。公關人的任務是通過真誠而有策略的交流，建立起信任的橋梁，進一步促進長遠合作。從品牌的內部文化建設，到與外部社會的連結，利益關係人的關係經營是公關人每天都需要面對的重要課題。

在公關這條職涯路上,我深深感受到個人成長與專業提升是不可分割的。許多看似輕鬆自然的表現背後,其實是長期以來的努力與堅持。也許你天生不是一個擅長社交的人,但只要願意學習,並持續磨練技巧,任何人都可以在公關的領域中找到屬於自己的發光點。

建立品牌形象的四個一致性原則

在我多年的公關生涯中,我深深體會到,公關工作不僅僅是傳遞訊息,更是幫助品牌構建整體形象與信任。這一過程需要秉持以下四個「一致性原則」,讓品牌的內外溝通相輔相成,實現長遠價值。

1. **訊息一致性:傳遞統一核心價值**

 無論是在新聞稿中、社群平台上,還是面對媒體採訪時,品牌所傳遞的訊息都應該保持一致,清楚地傳達品牌的核心價值與定位。雜亂無章的訊息只會

讓受眾感到困惑，削弱品牌的可信度。而透過信息一致性，品牌可以逐步建立強大的認知印象，讓人一提到品牌，就能聯想到它的核心價值。

2. 風格一致性：維護品牌形象

風格是一個品牌的「性格」表現。無論是面對媒體提問，還是在社群平台上與消費者互動，風格的一致性能讓品牌形象更加鮮明且有辨識度。如果一個品牌在廣告中表現得活潑俏皮，但消費者活動卻過於正式而僵硬，這樣的矛盾會讓消費者無所適從。因此，公關人需要幫助品牌找到並維持符合其定位的風格，讓品牌聲音更加統一而專業。

3. 行動一致性：用行動支撐溝通

僅僅依靠漂亮的話語是不夠的，品牌的每一次溝通背後都需要有落地的行動支撐。例如，一個倡導環保理念的品牌，卻在實際行動中缺乏相關措施，那麼它的努力最終也無法打動人心。行動一致性不僅能加強品牌的信任感，也能為品牌的長期發展奠定更堅實的基礎。

4. 價值一致性:反映品牌的長期使命

短期的話題炒作或行銷活動可能帶來一時的熱度,但唯有反映品牌長期使命的溝通策略,才能真正建立穩固的品牌形象。例如,若某品牌致力於提升健康生活,那麼所有的公關活動應該圍繞這一使命展開,而非僅僅追求一時的話題性和曝光度而違反價值觀。透過價值一致性能讓品牌更具公信力,也更容易贏得消費者的長期支持。

> 公關真正的價值,不是為品牌披上炫目的外衣,而是賦予它真實的靈魂與力量。

誠信與影響力才是真正的價值

花言巧語不是公關的入場券，專業與誠信才是關鍵。若每一位公關人都能秉持專業精神，遵循這些原則，公關不僅能為品牌帶來正向影響，更能提升這個職業的社會地位與形象。公關工作的核心不只是執行任務，更是傳遞價值、創造影響力。

對我而言，**公關的精髓在於：「說真話，說得動人。」**這絕不是美化事實，而是**透過專業表達，讓真實的價值更有穿透力、感染力、影響力**。說到這裡，總讓我想起那位廣告大老的話，公關絕不是只有包裝，公關一定要在真實的基礎上進行溝通，但也正因此，我才深信，花言巧語從來不是公關的入場券。

我們的目標，不是為品牌披上炫目的外衣，而是賦予它真實的靈魂與力量，這才是公關的真正價值。

發言人：企業展現「公關力」的化身

近年來，發言人的角色日益重要，是企業形象的守門員。台灣B2C產業的企業公關發展呈現出鮮明的幾大趨勢，尤其是在中小企業中，設立公關部門及發言人角色的現象愈發普遍。這一轉變不僅體現了市場與消費者互動方式的演進，也突顯了公關在品牌經營中不可或缺的價值。尤其是在餐飲業、零售業等高度競爭的行業中，這些角色的影響力尤為明顯。我觀察到趨勢的變化包括：

1. **發言人年輕化與專業化**

    越來越多企業選擇由年輕一代的公關人員擔任發言人，這反映了市場對溝通方式與風格的需求變化。年輕的發言人通常更具數位化思維，熟悉社群媒體操作，能以輕鬆、親近的語氣與消費者互動。例如，餐飲業的年輕發言人，經常透過短影音分享品牌故事或幕後製作過程，拉近與消費者的距離。

2. **從被動支持轉向經營的策略核心**

    過去公關部門多數負責新聞稿撰寫或事件回應，但

現在公關的角色,已提升為品牌經營的策略核心。他們參與品牌定位、行銷規劃以及消費者情感連結,成為企業競爭力的重要來源。

3. 數位化與即時溝通

隨著社群媒體的普及與內容消費加速,企業發言人需要具備快速反應能力。無論是回應消費者評論、處理危機,還是參與即時討論,數位溝通已成為發言人日常工作重要的一部分。例如,零售品牌的發言人會在社群平台上進行直播,直接解答消費者疑問,拉近雙方關係。

4. 品牌真實性與透明度

現代消費者更加重視品牌的真實性,尤其是零售業等涉及日常生活的行業。發言人不只是講述好聽的故事,而需要展現企業運作的真實面貌,從供應鏈到社會責任都要禁得起檢視。這種透明化的溝通方式,有助於提升消費者對品牌的信任度。

5. 打造專屬品牌形象

越來越多中小企業開始意識到,設立專屬的公關部

門與發言人能有效提升品牌辨識度。例如，本土餐飲品牌讓主廚或創辦人兼任發言人，透過親身分享創業故事或菜品理念，成功塑造品牌的獨特個性。

6. **跨界與多功能的角色**

現在的發言人不僅僅是企業的代言人，還需要具備行銷、危機處理以及社群經營的能力。他們經常在活動策劃、媒體聯繫甚至品牌大使管理中發揮關鍵作用。在社群媒體當道的時代，公關與發言人的角色將更加多元化與數位化，且必須具備下列三項能力才能更讓企業形象更提升，包含：

> 公關的責任，是在外界只知道二十分時，補足不為人知的八十分。

- **強調數據驅動的溝通策略**：運用消費者行為數據，精準傳遞品牌信息。
- **打造品牌人格化形象**：讓品牌「有溫度」，發言人將成為拉近企業與消費者距離的核心力量。
- **危機管理專業化**：隨著輿論影響加劇，發言人在危機中的應對能力將成為品牌長期生存的保障。

這些趨勢說明了發言人不僅僅是企業的「面子」，更是品牌價值與消費者連結的深度體現者。企業也必須透過這些轉型，迎接更高層次的市場挑戰與機會。

影響力無形，價值無價

關於專業公關的價值，常有人提出質疑。對此，我總喜歡用一個故事來說明。

某位美國客戶因投資案卡在政府部門遲遲無法推進，於是尋求一位公關顧問的協助。顧問只打了一通電話，就成功

地安排了客戶與關鍵官員的會面，隨後顧問寄出一張十萬美元的帳單。客戶驚訝地問：「僅僅一通電話，為什麼這麼貴？」顧問淡然回應：「如果您覺得貴，那就試著自己打這通電話看看。」

這個故事揭示了公關工作的核心價值：「影響力」。影響力雖然看不見，但其價值不容忽視。然而，多數企業對這種「無形服務」的重視程度往往不高，導致專業公關顧問的價值被低估。

公關的本質不僅是傳遞信息，而是通過「建立信任」來改變態度、影響行為。這一過程需要時間的沉澱、專業技能的支撐以及人脈資源的積累，並非一蹴而就，我認為「影響力無形，但價值無價。」

為了讓市場更正視公關的價值，我們需要共同努力：不僅要教育市場，改變對這份工作的認知，也要提升自身專業能力，以專業和實力贏得尊重，而非用低價格爭取機會。

這又讓我想起另一個知名的故事。畫家畢卡索某次在餐廳用餐時隨手在餐巾上作畫。一位女士認出他後詢問，是否能買下那張餐巾紙，畢卡索笑著答應：「當然可以，兩萬美

元。」女士驚訝地說:「這張畫你只花了兩分鐘,居然要價兩萬美元?」畢卡索回答:「不,我不是畫兩分鐘,我畫了足足六十年。」

同樣地,專業公關的價值在於長期的專業積累與深刻的洞察力。他們不僅是企業的外部防火牆,更是內部的耳目,能夠準確地發現問題、預測風險,並有效解除困局。他們所提供的,不是勞力,而是高效率、高影響力的解決方案。

好的公關顧問就像隱形的推手,能夠在關鍵時刻發揮作用,助企業一臂之力。這樣的價值無法以明確的數字對價,但卻值得高度尊重。對於這樣的無形服務,或許是時候改變我們的思維模式,給予它應有的重視與認同。

因此我呼籲企業不要小看公關的價值,尤其CEO能夠具有公關的思維,那麼你的企業就會有好的企業文化,懂得內外部的溝通,將有機會成為有影響力的公司。

誠信是第一原則，
別為粉飾太平而做公關

如果企業只想利用公關來粉飾太平，把公關當作包裝的工具，結果往往是短暫的，甚至適得其反。

曾經有位年輕人問我：「公關是不是都在幫企業或個人掩飾缺點，粉飾不完美？如果公司本身問題多，你要怎麼替它說話？」我想這是很多人心中的疑問。

許多人對公關工作的印象停留在「隱惡揚善」，甚至覺得公關人善於「把黑的說成白的」，充滿負面聯想。有些企業尋求公關服務，目的就是希望危機狀況能夠「大事化小、小事化無」，甚至消除負面新聞。但這些期待其實是對公關的誤解。

> 只有在誠信的基礎上，公關才能為品牌真正加分，實現其價值與影響力。

我想最大的關鍵是，公關再怎麼隱惡揚善，絕不能說謊。**公關不能將黑的說成白的，只能將白的說得更白，甚至更動人。**企業的本質必須正派、產品值得信賴，公關才會有力量說出好的故事。

如果企業行為不端正，想靠公關來改變形象，這種不切實際的想法，在資訊透明的時代幾乎是不可能的。只有願意改正錯誤並付諸行動的企業，才能透過公關釋放出真正改變的訊息。

公關的核心價值不在於「隱惡」，而在於「藏拙」，即幫助品牌將好的部分展現得更清楚、更具吸引力。

舉例，一家老字號餐廳，由於店面裝潢老舊、地點偏僻，吸引力大不如前，導致客流減少。然而，餐廳的招牌菜卻有超過三十年的歷史，口味經典，廣受老顧客好評。若公關僅僅是掩蓋餐廳的缺點，像是用濾鏡拍出漂亮的照片，營造「高檔」假象，這只會讓消費者實地造訪後感到失望。

真正有效的公關策略，應該是誠實呈現餐廳的特質，例如：「外觀樸素的餐廳，卻藏著三十年不變的老味道；堅持手工製作，讓每一口都是對傳統的致敬。」這樣的定位不僅

尊重事實，還能喚起消費者對懷舊與匠心的共鳴。

　　公關的使命，就是發掘品牌或個人的優勢，重新定位並讓它被看見。將注意力聚焦在餐廳的美味與傳統價值，而非試圖掩飾裝潢上的陳舊，這才是公關的精髓所在。許多企業擁有優質產品，但缺乏有效的溝通策略，讓外界無法全面了解其價值，這正是公關發揮影響力的地方。

誠實傳遞訊息，補足不為人知的八十分

　　我碰到大部分的企業，都很努力地製造好產品，卻沒有辦法把自己的優點和特色說清楚、講明白。所以公關的責任，是在外界只知道二十分時，補足不為人知的八十分，而不是加油添醋。然而奇怪的是，外界一直以為公關有鬼斧神工，能為企業化腐朽為神奇，其實，前提是要這些企業原本就做得不錯，只差好好讓人說出來而已。

　　如果一家形象不佳的公司找我合作，我會先了解問題的根本，是不正派的行為導致，還是外界誤解？如果是誤解，

我會幫助澄清；但若企業本身問題多、又不願改變，我一定會拒絕合作。在接案前，我總會確認客戶的理念是否與我契合，這是一種職業道德。

我也曾因過於信任客戶而吃過虧。創業初期，處理一個危機案件時，發現客戶提供的訊息不誠實，導致我在媒體面前被質疑，對我的專業造成很大傷害。從那以後，我對危機案件更加謹慎，也想提醒所有公關人員，絕對不要為不良企業粉飾太平，成為幫兇。

公關的本質是幫助企業或品牌誠實地傳遞價值，而不是僅僅修飾表面。曾有一家知名服飾品牌，因供應鏈中的某家代工廠涉及使用不當勞工而遭到輿論譴責。面對媒體與消費者的強烈質疑，品牌並未選擇迴避問題，而是第一時間發表聲明，承認監管疏失，並宣布暫停與該代工廠的合作，同時公開採取更嚴格的供應鏈審查機制。

此外，品牌還邀請第三方監督機構進行全面審核，並將改善進展定期公開，向消費者展現解決問題的決心。這樣坦誠且積極的回應，不僅平息了輿論風波，也讓品牌在透明化管理方面贏得了更高的信任與尊重。

當然，有些企業單純想利用公關粉飾太平，但這樣的做法遲早會付出代價！只有在誠信的基礎上，公關才能為品牌真正加分，實現其價值與影響力。

公關心內話

對我而言，
公關是一場高壓又快樂的冒險

所謂「十年磨一劍」，對公關來說，就是在背後不斷準備，只為了在關鍵時刻，讓品牌或企業瞬間發光發亮。

很多人好奇地問我：「你怎麼能在人人喊累的公關產業待這麼久？」老實說，這是連我自己都沒想到的事。三十多年了，公關依然是我最熱愛的工作。我想，這份執著很大程度上來自於它的多元性與豐富性。

有哪個行業像公關一樣，每天能接觸不同的人、品牌，甚至見證新興產業的崛起？你可能正在會議室裡與CEO對話，吸取他們的聰明才智；下一刻，又參與籌備一場足以載入史冊的活動。這種種經歷，都讓我覺得公關工作不僅挑戰性高，還自帶一種「性感」，令人著迷。

做公關，你得做好心理準備，因為每天都像坐雲霄飛車。一方面，你可能會被壓得喘不過氣，但另一方面，你又能觸及社會最前線的脈動，接觸到一群優秀又有遠見的企業家。這種劇烈的反差，成了推動我翻越一座座高山的動力。

久而久之，我已經習慣了這種快節奏的生活，回頭看那些朝九晚五、制式化的工作，反倒覺得不太適應。

公關工作帶來的成長，就是痛並快樂著的感覺。它不適合害怕改變、不愛挑戰的人，但對於那些喜歡刺激、享受變化的人，這絕對是一場愛上後就無法放手的冒險。

公關，就是一場沒有終點的自我成長之旅。而在這場旅程中，痛與快樂並存，但收穫無價。

剛入行的年輕人，可能會因撞牆期頻繁地懷疑自己：「我為什麼要選這行？」甚至天天想辭職。但神奇的是，一旦熬過了初期的不適，你會逐漸愛上這份工作。那種解決困難、獲得客戶肯定後的成就感，會讓你甘之如飴。

有趣的是，許多曾經離開公關業的同事，轉了一圈後又回來。他們常說：「外面看似穩定的生活，少了公關的刺激，真的有點無聊。」於是，又心甘情願回來「受虐」。這

種又恨又愛的情感，恐怕只有待過這行的人才能體會。

　　從前，公關被誤解為「只會粉飾太平的職業」。現在隨著行業的發展，公關的影響力也越來越被理解，我認為這是很好的進步，企業形象的提升要有策略也要有執行力。真正的公關價值，藏在幕後不為人知的細節裡，那裡需要更深的專業、更強的應變力，以及更高的誠信標準。

　　我這輩子既然與公關緊密的結合，我真的想做好「公關」這兩個字的終身志工，我想這是我的使命。隨著越來越多年輕人投入這個行業，公關的專業度和影響力也不斷提升。我衷心希望企業和個人能夠真正體會公關的力量，運用公關讓自己的努力和價值被看到，讓內外溝通一致，讓員工成為公司品牌的大使。

　　回首這三十多年，公關不僅教會我如何經營品牌，還教會了很多人生的智慧，像是誠信透明的重要性、人際溝通的技巧、如何說話說到別人心坎裡，甚至如何尊重每一個合作對象。這些寶貴的經驗讓我深信，就算時光倒轉，再給我一次機會選擇，我還是會毫不猶豫地踏入公關這個充滿挑戰與驚喜的世界。

第三章

放大影響力的祕訣

每個成功的品牌背後都有一個好故事，
他們不僅賣產品，更賣情感、價值與文化。
用文字、圖像說故事，放大千倍影響力。

2024年的美國總統大選毋庸置疑是影響全世界最重要的一次選舉之一，而川普可說是最會「製造議題」，而且懂得搶奪話語權的總統候選人。他經常利用有爭議的發言（例如：移民政策、經濟議題）來吸引媒體的目光，並引發支持者與反對者的激烈討論，可以說是製造議題的專家，無論民眾的反應為何，都為他帶來了大大的聲量。

　　雖然他的言論具有爭議性，但針對他在社群媒體上的操作，可說是箇中高手，以他為例，有幾個現象值得研究：

1. **直接對話**。川普透過自媒體直接與選民互動，避開傳統媒體的過濾，確保信息以最少被扭曲的方式傳達給支持者。他這種直接對話的策略顯然奏效，拉近與民眾的距離，建立情感連結。

2. **清晰而且簡單的傳遞訊息**。他的競選標語如「Make America Great Again（讓美國再次偉大）」，簡單、情感強烈，容易被記住，並成為選民的集體口號，這是在行銷操作上很重要的一個能力。

3. **市場區隔**。川普的競選策略中常刻意劃分「我們 vs. 他們」，如「真實的美國人」與「移民」的對立，激

發強烈的情感反應。雖然分裂策略在商業手法中需謹慎操作，但適度區隔市場（例如：定位你的品牌與競爭者的差異）將可以有效吸引忠實客群。

4. **解決痛點**。他聚焦於藍領選民的焦慮與需求（例如：就業機會、全球化的負面影響），並提供他們願意相信的解決方案。在行銷學中可說是深入了解目標群體的痛點。

5. **挑戰舊有框架**。他不畏挑戰傳統規範，不依賴傳統廣告，而是大量利用社群媒體和免費媒體曝光。

光是這些特點就已經做出品牌最重要的差異化及產品USP（Unique selling proposition，獨特銷售主張），加上公關最重要掌握議題能力，也難怪他在選戰中可以獲得勝利。

> ❝ 品牌的承諾是長期的，一旦失信，就可能失去顧客的忠誠。❞

超級品牌的七塊拼圖

　　無論川普的形象如何，他無疑是一個強大的「品牌」，正如同在百家爭鳴的市場中，每個品牌創立之初，都希望成為超級品牌，擁有死忠粉絲並在市場中脫穎而出。但現實是，大部分品牌因為缺乏特色而淹沒在競爭的紅海中，悄然退場。想要成為超級品牌，需要完成「人物、故事、代表標誌、儀式、承諾、信仰、成就」這七塊關鍵拼圖。

　　這些拼圖看似抽象，但我們可以用大家耳熟能詳的品牌——蘋果（Apple），來深入解析每一塊拼圖的具體做法。

1. 人物：品牌的靈魂

　　一個具有魅力的核心人物，可以為品牌注入靈魂。蘋果的成功，離不開創辦人史蒂夫・賈伯斯的存在。他不僅是創新科技的代名詞，更是果粉心目中的偶像。他的遠見、執著與領導風格，為蘋果奠定了獨特的品牌形象。

　　同樣地，台積電創辦人張忠謀，也以穩健的策略和

專業讓台積電成為全球半導體的領頭羊。

2. 故事：品牌的情感連結

每個成功的品牌背後都有一個好故事。蘋果的故事是關於挑戰傳統與自我重塑，賈伯斯被逐出公司，後來又帶領蘋果崛起，成為全球科技的領導者。這種逆境翻盤的傳奇，深深吸引果粉的情感認同。

故事的力量在於連結，品牌故事不僅要有吸引力，更要能反映品牌的價值觀，激發消費者的共鳴。

3. 代表標誌：品牌的記憶點

蘋果那個被咬了一口的Logo，早已成為科技創新的象徵。這個標誌不僅簡約、時尚，還富有想像力，讓人過目不忘。

其他經典的標誌還包括：Nike的打勾標誌，簡潔有力，象徵著運動與勝利。麥當勞的金色拱門，是全球消費者的「熟悉符號」。一個高辨識度的標誌，能讓品牌在消費者心中占據一席之地。

4. 儀式：品牌的期待感

蘋果另一個讓人印象深刻的元素，是它的產品發表

會儀式。當賈伯斯在舞台上說出「One more thing」時，全場屏息以待，因為他們知道，壓軸好戲來了。這種儀式感，不僅增強了品牌的神祕感，也提高了消費者的期待值。另外像是可口可樂的節日廣告，讓人一看到就聯想到聖誕節的溫暖歡聚氛圍。

5. 承諾：品牌的長期信任

蘋果對於科技創新和品質的承諾，從未改變。他們的產品以直觀設計和流暢操作著稱，這種信任讓消費者願意一次次為新產品買單。

品牌的承諾是長期的，一旦失信，就可能失去顧客的忠誠。例如，品牌必須確保廣告與實際產品一致，並在遇到問題時即時解決。

6. 信仰：品牌的核心價值

對果粉而言，使用蘋果產品不僅僅是購物行為，而是一種信仰。他們相信，蘋果代表著創新、挑戰現狀與個性化。這種信仰，讓消費者自豪於成為品牌社群的一員。

又例如哈雷（Harley-Davidson），賣的不只是摩托車，

```
┌─────┬─────┬─────┐
│人物 │故事 │儀式 │
├─────┼─────┼─────┤
│     │代表標誌│     │
├─────┼─────┼─────┤
│承諾 │信仰 │成就 │
└─────┴─────┴─────┘
```

超級品牌的七塊拼圖

更是一種自由與冒險的精神,而另一個我欣賞的服裝品牌 Patagonia 則用環保理念吸引那些關注地球環境的消費者。

7. **成就：品牌的價值體現**

最後,一個品牌的實力需要成就來支撐。蘋果的每款產品,從 iPhone 到 Mac,都在市場上創下了驚人的銷售記錄,這些數據不僅證明了它的實力,也增強了品牌的公信力。

成就不僅體現在銷量,也可以是企業對社會的貢獻。例如,特斯拉致力於推動新能源革命,成為可持續發展的代名詞。

如果你希望自己的品牌在競爭中脫穎而出,不妨思考一下這七塊拼圖,看看自己還有哪些地方可以加強。**真正的超級品牌,不僅賣產品,更賣情感、價值與文化。**

我必須說,這七塊拼圖是超級品牌的參考元素,它並沒有發展順序,但需要經年累月地堅持品牌精神、累積實力和經營績效,才有機會完成。一般的企業資源不夠,其實很難

做到,能夠完成兩、三塊拼圖就已經不容易了。想經營品牌的人,將這七個元素放在心中,並以拼出完整拼圖為目標。一旦如願實踐,我相信品牌力將堅強無比、難以撼動。

千倍散播力的技巧：
用視覺或圖表說故事

想要成為超級品牌,在行銷上絕對要運用說故事的能力,然而說故事的能力除了文字之外,圖片和影像絕對是很大的助力。有幾個經典案例可以幫助我們更好地理解,視覺化說故事如何達到千倍散播力。

> 每個成功的品牌背後都有一個好故事,而故事的力量在於情感的連結。

案例一：警告！塑膠對海洋生物與環境的衝擊

　　國際非營利組織 Ocean Conservancy 致力於減少海洋垃圾。他們的一項宣傳活動中，並非僅僅以文字說明「每年有數百萬噸塑膠流入海洋」，而是拍攝了一張照片，畫面是一隻被塑膠纏繞、即將窒息的海龜，並附上「海洋中的塑膠垃圾已超過魚的重量」的數據。結果這張圖片被廣泛轉發，甚至成為全球多國政府塑膠限制政策的輿論基石。數據加圖片的結合將一個原本冰冷的數字轉化成強烈的情感衝擊，啟發了數百萬人。

此為示意圖，由 AI 工具 DALL・E 生成（OpenAI）

案例二：注意！吸菸有害健康

　　世界衛生組織（WHO）進行了一項全球反吸菸運動。他們並未僅以「吸菸有害健康」的文字進行宣傳，而是用兩張肺部照片進行對比：一張是健康的粉紅色肺部，另一張是吸菸者的焦黑肺部。這種直接的視覺衝擊更能讓觀眾感同身受。結果這個案例的照片成為多數國家香菸包裝上的警示圖像。僅僅一張對比圖，就讓吸菸者重新思考吸菸的後果，其效果遠超單純的數據報導。

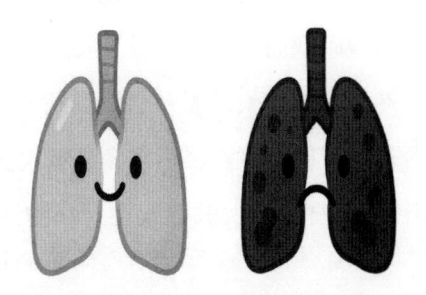

此為示意圖，由 AI 工具 DALL‧E 生成（OpenAI）

案例三：小心！爆米花的飽和脂肪

美國宣導健康的公益中心做了一項調查，發現一包爆米花平均含有三十七公克的飽和脂肪，他們想讓民眾減少食用，於是發了一篇新聞稿，上面寫著「一包爆米花含有三十七公克飽和脂肪，對健康不利，建議少吃。」這一篇新聞稿最終石沉大海，不受媒體青睞。

有位公關人員想到一個方法，他用一張圖片畫出「一份培根蛋早餐＋一份大麥克漢堡＋一份大薯＋一份十盎司牛排」，再附一張簡單說明的新聞稿，寫著：「你在電影院吃的爆米花，所含會阻塞血管的脂肪量等於此圖。」

這張圖片透過美國各大電視台頭條播送，嚇壞了全美觀眾。他們甚至在電視機前實際展示全套油膩大餐，將這個觀念成功推銷出去，迫使各大戲院改用「好的油」來爆爆米花。

此為示意圖，由 AI 工具 DALL・E 生成（OpenAI）

這三個案例告訴我們，除了文字之外，善用圖片、圖表或故事，呈現我們要表達的訊息，更可以引爆影響力。這也是為什麼現在Instagram（IG）和Snapchat在青少年間流行，而以短影音為主的TikTok也風靡全球。

	主題	視覺化手法	核心數據或訊息	效果
案例一	警告！塑膠對海洋生物與環境的衝擊	海龜照片＋塑膠垃圾	塑膠垃圾重量＞魚重量	成為環保政策的宣傳基礎
案例二	注意！吸菸有害健康	健康肺與黑肺的對比圖	吸菸直接損害健康	成為多國香菸包裝上的視覺警示
案例三	小心！爆米花的飽和脂肪	食物卡路里圖像對比	電影院爆米花＝高飽和脂肪	吸引媒體注意，傳遞健康意識

無論是用數據畫出圖表，還是透過圖片展示視覺化衝擊，「用圖表說故事」都能將抽象的概念具體化，讓人產生情感連結和行動慾望。這不僅是一種溝通方式，更是一種放大訊息傳播力的利器。

▍公關心內話▍

我心目中的公關標竿

　　說到品牌公關的標竿,不得不提我們的「護國神山」——台積電。雖然聽起來有點高大上,但是它像神一樣的存在,是我們做公司治理的標竿。尤其B2B的產業,應該以台積電為典範,它的表現不誇張地說,是台灣企業界最具策略性、也最具誠信的代表。因為它在每一次面臨重大事件或挑戰、甚至負面傳聞發生時,都展現出極高的溝通成熟度與危機應變能力。我也從以下四點分享我的觀察:

1. **重大消息與投資人溝通:透明、穩健、不躁進**

　　台積電的每一場法說會,幾乎都是國際資本市場關注的焦點。不同於某些企業在財報發布時喜歡放煙火,台積電總是以數據為本、預期謹慎、語調中性為原則。即便業績亮眼,也不誇大;即便前景受挑

戰,也不逃避。

更值得稱讚的是,台積電的溝通邏輯非常清晰,**不製造市場雜音,不給媒體不實預期,不刻意操弄股價情緒**。 這樣的做法,雖然少了炒作,但贏得的是長期信任。

2. **危機處理:冷靜應對、切割得體、語言節制**

面對社會敏感議題或外部謠言時,台積電向來選擇「冷處理,不失真」。例如曾有媒體質疑其赴美設廠是否「出走台灣」,台積電的回應語氣平和、不帶情緒,強調的是「全球布局」、「分散風險」、「服務客戶」的產業邏輯,避免落入政治對立的泥沼。

這樣的應對方式,讓人看到一個企業的高度,**堅守事實,避開對立,用中性但有力的語言說明立場**。這在公關策略上,是極高段的操作。

3. **不靠花俏操作,重視誠信溝通的長期價值**

在自媒體與社群行銷盛行的時代,許多企業開始重

視社群內容、製造話題流量，但台積電卻堅持「實事求是」的溝通路線。沒有頻繁的社群互動，也沒有華而不實的品牌宣傳，靠著扎實的內容、真誠的價值觀與信任累積，反而讓它成為被媒體與網路自動擁護的品牌。

4. 對員工的內部溝通：信任與團隊文化的基礎

公關不只對外，更要對內。台積電擁有全球超過七萬名員工，內部文化重視資訊傳遞的效率與清晰度，管理階層會定期向員工溝通公司方向與挑戰，讓團隊能夠快速對焦、安心配合。

在勞資溝通方面，台積電的立場也是理性穩健。例如當面臨媒體關注「員工工時過長」等議題時，它不迴避，而是具體說明制度設計、值勤安排與調整機制，用數據說話，也用誠意聽取員工聲音。

在這個資訊爆炸的年代，**公關的本質早已不是「美化現實」，而是「讓現實被理解」**。而台積電，就是用一場場冷靜

的說明、一份份準確的財報、一次次不帶動情緒的聲明，為台灣企業寫下了誠信公關的教科書。

除了B2B的台積電值得注目，在我心目中B2C的公關標竿之一，就是台灣航空業近年最引人矚目的新星——星宇航空。我認為，星宇航空在品牌經營和公關操作上的卓越表現，可以從以下五點切入，值得成為各行各業的學習典範。

1. 清晰且獨特的品牌定位

星宇航空從一開始就精準定位自己為「精品航空」，清晰的區隔於其他傳統航空公司或低成本航空。從品牌命名、視覺設計、座艙氛圍到服務細節，都體現出一種質感與細膩度，甚至曾被譽為「航空業的Apple」。

品牌推出初期，星宇就成功運用大量視覺與影音媒體來傳達品牌形象，善用社群媒體與數位行銷，建立起對年輕世代的吸引力，迅速累積了大量忠實粉絲。這種從產品到溝通全面一致的定位策略，無疑成為其品牌成功的基礎。

2. 深刻理解數位時代的公關策略

星宇航空的公關操作不僅積極,更有創意。它們深知新媒體時代的溝通重點,將社群媒體視為最重要的戰場之一。從創辦人張國煒親自在臉書上與粉絲互動、回答問題,到大量分享品牌背後的故事、飛行員訓練的花絮及員工生活點滴,成功打造了一種親民、透明的企業形象。

星宇的社群經營成功之處,在於將冷冰冰的航空業拉近與消費者的距離。常用活潑、有趣又具真實感的內容來吸引受眾,透過貼近消費者的溝通語言,成功地打破了傳統航空公司冷漠的印象。

3. 掌握議題設定主動權

星宇航空在公關上很擅長主動設定議題。它不僅迅速回應業界趨勢,更經常主動製造新聞話題,引導輿論關注。例如星宇航空接機首架空中巴士A350時,不但大方公開內裝細節,更讓張國煒親自駕駛飛機回台,甚至安排大批媒體登機參觀,打造了一

場視覺與話題性的盛宴。

這種主動設定議題的做法，成功讓星宇航空經常性地占據媒體版面，迅速提高品牌知名度與美譽。

4. 危機應變快速且真誠

作為航空公司，難免面臨營運突發事件與負面新聞。星宇航空的危機處理模式十分值得學習。一旦發生負面事件，公關部門總是迅速反應，並且透明公開地向媒體與消費者說明狀況，從不遮掩問題。

例如在疫情期間，星宇航空宣布停飛某些航線後，馬上提供明確且迅速的退票處理資訊，並透過社群媒體第一時間發表聲明、說明原因、提供後續方案。這種真誠且積極的態度，贏得了消費者的諒解與信任，也強化了品牌的正面形象。

5. 創辦人張國煒親自下場,提升公信力

星宇航空另一大公關特點,是創辦人張國煒的親自參與。他不僅常在媒體面前為品牌背書,更經常在社群媒體上以個人名義回應粉絲問題。這種創辦人親自下場、勇於面對消費者的態度,給星宇品牌帶來強大的公信力與親切感。

B2C的行銷操作要面面俱到,極為複雜又細膩,非常需要堅實的團隊一起努力,星宇航空近年來在品牌操作和公關經營上,展現了極為成熟且精準的策略思維。從精品航空定位、數位公關創新、危機處理的迅速與透明,到差異化服務與領導者親力親為,種種表現都值得台灣企業深入學習,我相信只要K董(張國煒)在,應該可以讓星宇的招牌做出令人驚豔的未來。

第四章

自媒體時代是
全員公關的時代

公關的最高境界是「影響有影響力的人」,
就像廣告和公關最大的不同是:
廣告是自己說自己的好,公關是讓別人來說你的好!

台積電創辦人張忠謀曾在清華大學演講時說過:「一位領導者如果不懂Sales & Marketing,這家公司就難以存活下去。」這句話戳中了我的心。

　　過去服務科技業客戶時,我常看到這樣的情景:台灣科技起飛的年代,大家專注於研發和產品開發,覺得東西做好了,自然就會有人買,品牌、行銷、公關都不重要。時至今日,終於走到了「品牌和行銷當道」的時代,大家逐漸明白,即使你的產品再好,沒人知道也賣不出去,行銷成了不可或缺的推動力。

　　現代的CEO,不能只懂產品開發,或只會看財報、管經營。要在「產、銷、人、發、財」(生產、銷售、人力資源、研發、財務)五大領域都略懂一二,至少要知道如何用人,而不是因為自己不懂,就錯失機會。所以,我想在張忠謀的話上加一句:「如果CEO不懂公關,就難以讓公司成為偉大和受人尊敬的公司。」

從CEO到自媒體網紅，公關無所不在

現在是全員公關的時代。不僅CEO需要懂公關，企業員工、創業者，甚至網紅和YouTuber都要有公關思維，否則很難有話語權。

我認為企業家和生意人之間，有一項很重要的差別是，是否具有公關的思維。一位CEO需要處理的利益關係人包括：客戶、投資人、政府、媒體、員工、社區等等，這些都需要用公關來平衡、維護，而公關不僅僅是處理關係，它還能幫企業勾勒願景、建立文化、傳遞價值觀、吸引優秀人才、提升企業知名度與好感度。但很多領導者仍在苦惱：為什麼公司知名度打不開？為什麼消費者不買單？為什麼招不到優秀人才？

答案可能很簡單，因為他們不懂運用公關的力量讓公司被看見。如果你只想賺錢，那當個生意人就夠了；但如果你想讓公司在市場上有影響力、在大眾心目中成為偉大公司，那你就需要學會公關。

其實，不只是CEO，每個人都需要公關。如果你想建

立個人品牌，讓自己被看見，你需要學公關。如果你從事行銷或品牌相關工作，公關更是加分的核心技能。如果你想從職員變成領導者，甚至進入決策高層，公關更是必備能力，因為它教會你如何管理形象、傳遞理念、影響他人。

在這個資訊透明的網路時代，每個員工的一言一行都代表著企業文化。當你能夠運用公關概念，成為企業和客戶之間的重要橋梁，你就擁有了更多的職場競爭力。所以全員公關年代早已來臨，只是不知道能靈活運用公關核心能力的企業家有多少。

公關的重要性：
不再侷限於企業，而是深入個人品牌

現在自媒體、網紅、YouTuber的崛起更讓我們看到，公關的重要性不再侷限於企業，而是深入個人品牌。無論是處理網路爭議、經營粉絲關係，還是塑造形象，公關都在背後運籌帷幄。

簡單來說，公關能影響你的形象、品牌定位、企業文化，甚至在危機發生時，讓你絕地反擊。**公關，是一門在這個快節奏世界站穩腳步的必修課。**

不管是CEO還是個體經營者，不懂公關真的很難做出名堂。因為在今天這個全透明的時代，形象就是一切，而公關，就是幫你把這一切做好看的關鍵工具。

公關涵蓋了這麼多功能，怎麼能不重視？問題是，很多公司在草創階段或規模尚未成熟的時期，光是想著如何活下去、如何賺錢就已經焦頭爛額，哪有心思去管什麼企業文化、形象管理。但反過來想，如果一家公司從一開始就懂得梳理內外關係，建立清晰的企業文化，未來就可以避免發生人才短缺，員工無所適從，要再花更多時間和資源將組織打掉重建的狀況。

> 形象和聲譽雖然看不見、摸不著，卻是企業最重要的無形資產。

其實，學會公關並不難，只要掌握正確的思維，循序漸進地開始運作，很快就能看到效果。到底什麼時候最適合做公關呢？以下這四種情境，絕對是CP值最高的時機，可以發揮最大綜效。

情境一：預算不足或剛成立，需要讓市場認識時。

情境二：新品發表、新政策上路，需要市場與民眾接收訊息時。

情境三：企業或品牌轉型、經營方向重大調整，需要穩定內外關係時。例如：併購、上市、人事變動。

情境四：危機發生，需要快速應變、化險為夷時。

建立形象，累積無形的資產

很多人對公關的有個刻板印象，認為這是一群整天和名人、媒體打交道，穿著光鮮亮麗、舌燦蓮花、長袖善舞，甚至愛慕虛榮的人，如果公關真如上述形容，那真是把公關看小了，真正的公關人背後有著更深的使命與專業。

簡單來說，**公關就是經營與利益關係人之間的友善關係**，目的是幫助企業、組織或個人塑造良好的形象與聲譽。形象和聲譽雖然看不見、摸不著，但它們卻是企業最重要的無形資產。

　　一旦你在社會大眾眼中建立起某種形象或觀感，人們會用這個印象去評價你，而這種印象一旦形成，就很難改變。因此，公關的價值就在於幫助品牌、企業或個人打造這樣的形象。

　　具體來說，公關的工作包括：

1. **建立形象與聲譽**：讓品牌在市場中擁有清晰定位和正面評價。
2. **培養媒體關係**：與媒體建立互信，讓品牌的故事更容易被傳遞。
3. **創造事件行銷**：設計活動，吸引公眾與媒體關注。
4. **加強內外部溝通**：包括內部員工的凝聚力，與外部利益關係人的信任感。
5. **議題與危機管理**：有效解除負面危機事件或即時回應社會關注的議題。

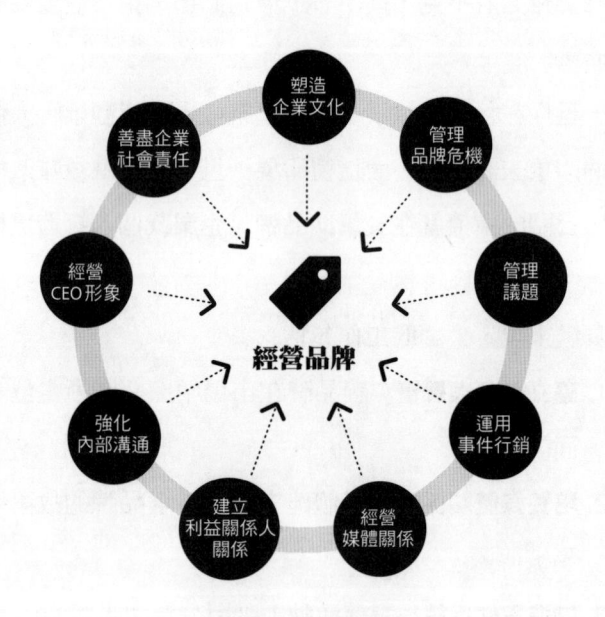

公關幫助品牌的方式

6. **建立 CEO 形象與企業社會責任（CSR）**：幫助企業領袖與品牌在大眾心目中擁有良好形象。

公關人更重要的是，與企業內部的領導者密切合作，特別是 CEO。只有深入了解 CEO 的理念和想法，才能準確地為企業發聲，讓品牌傳遞出真實且有說服力的故事。公關人的工作任重道遠，他們真正的價值，藏在那些看不見的付出裡，他們努力為企業搭建信任的橋梁，並讓形象與影響力無限延伸。

> 公關最有力量的方式，是透過有影響力的人，幫助品牌發聲。

公關的最高境界是「影響有影響力的人」，這句話道出了公關的真諦。真正成功的公關並不是自己直接對大眾說話，而是透過那些有影響力的人，例如名人、意見領袖（KOL）、媒體，甚至現在的網紅和YouTuber，來幫助品牌發聲。

為什麼影響有影響力的人很重要？因為名人的一句話、有公信力媒體的一篇報導，往往比一則昂貴的廣告更具說服力。我相信當網紅及KOL為某個品牌背書，粉絲與目標客群自然會對該品牌產生更大的好感與信任，這也是公關的影響力加乘之道。

在2024年的美國總統大選當中，我們看到特斯拉創辦人伊隆馬斯克為川普站台，而川普也藉由馬斯克的聲量而選民大增。馬斯克期待川普的當選，可能影響政策進而對他的企業有利，而川普藉由馬斯克的支持，也向大眾表達他是關注科技和創新的領袖，同時傳達重視經濟的形象。這兩位大品牌的加乘，正是影響力的加乘，他們互相影響，發揮一加一大於二的效果。將川普推升至大位，成為全球最有影響力的人之一。

廣告和公關最大的不同,在於廣告是自己說自己的好、公關是讓別人來說你的好;廣告是廣大擴散、公關是深度探討;廣告是偏視覺的傳播、公關是偏文字內容的溝通。公關的公信力較強,如果報導的議題是大家感興趣的,那影響力會更擴散。**廣告與公關沒有優劣之分,一個有廣度,一個有深度,能一起運用,才是現在行銷的利器。**

如何去影響有影響力的人,讓他們願意點頭開金口,為原本就很棒的產品背書,正是公關的挑戰。所以我才會說「影響有影響力的人」,是公關的最高境界!

和有影響力的人,保持魚與水的關係

說到這裡,大家就不難理解,公關人員經常和有影響力的人在一起,大多是為了客戶的需求。特別是在品牌發生危機時,如果能有媒體的支持,和有力人士的背書,那麼比起自己大聲喊冤,力量一定要大得多。

公關是一門藝術。雖然我們希望有影響力的人為自己說

話,但真正有影響力的人,也不會輕易地被影響,如果純粹只想仰賴算計或利益結合來建立關係,到最後也會被看破手腳或引發更多風險。我還是要強調,掌握議題、真誠溝通、長期經營關係、有邏輯地說服,加上切入公眾利益、引發大眾共鳴,才可能說服這些真正有影響力的人一起合作。

就像前幾年社群網路上發起為漸凍人症(ALS)募款的「冰桶挑戰」活動,就是結合上述因素,讓全球眾多知名人物自願參與、推廣。影響有影響力的人,成為全球非營利組織募款極其成功的案例。

打造個人品牌的關鍵因素

要建立個人品牌,其實原理和建立企業品牌沒什麼差別,只是產品換成你自己而已。所有品牌應該具備的要素,一樣都不能少,包括定位、願景、使命、特色、風格、理念、價值觀和主張。

想要建立個人品牌,最好從自己最擅長的本事著手,並

在呈現「產品」之初，就要思考清楚、找出個人定位，才有機會脫穎而出。

而所謂個人品牌形象，其實就是他人眼中的你。你的外表、行為舉止、身體語言、聲音、觀點、理念，這些加總起來，就形成別人對你的觀感和認知。這個觀感一旦構成，會深植到人們心中，變成既定印象，而且很難改變。這也說明為什麼「形象」如此重要。

要建立好的品牌形象，我認為要先做好個人形象管理。以下五個重點，將有助於個人建立好形象。

> ❝ 打造個人品牌，要從自己最擅長的本事著手，才有機會脫穎而出。❞

重點 1：保持禮貌與禮儀

禮貌和禮儀是做人最基本的素養，缺乏這兩項，再有錢有勢，還是會令人敬而遠之，更不用說對個人品牌的影響了。像是我們可能會有耳聞，某某網紅有了知名度就高傲起來，基本禮貌都沒有，這就是應該要注意且避免犯錯的地方。

重點 2：言行一致，且說到做到

一言一行都是形象的累積，信任是人際關係中最寶貴的資產。因此，你說出的話和所做的事是否一致，是別人檢視你是否誠信及可靠的重要指標，千萬不要言過其實、信口開河。做不到的不說，說出口的就一定要做到，這樣才能建立起他人對你個人品牌的信任基礎。

重點 3：本事很重要

本事就是你的專業，在職場上你靠什麼維生，以及你的工作性質是什麼，這是別人認識你的管道，也是能否取得他人尊重的關鍵。若要建立個人品牌，至少要有點本

事,突顯獨特之處,也相對容易建立品牌的焦點。

重點 4:注意顏值管理,乾淨自信為首要

不得不承認,這是個注重外表的年代,第一印象往往會決定別人對我們的看法。在職場上,顏值高比較容易受到矚目,也是不爭的事實。但顏值管理的要點,不是斤斤計較自己的帥與美,而是打理自己,呈現出乾淨、自信、得宜的穿著和打扮,讓自己和別人都感到舒服。

重點 5:做對社會有意義的事

越來越多年輕人不只是為了賺錢而工作,而是希望追求更理想的生活樣貌。當你進一步思考,活著不只是獨善其身,還希望對社會帶來貢獻,讓世界因為「我」的存在而更美好時,這樣的觀念,會讓個人品牌更有高度。

在藝人當中,我覺得蔡康永和劉德華的個人品牌形象,很值得參考。他們樹立公眾人物該有的形象和高度,展現專業、愛惜羽毛,同時累積眾多得獎作品。他們的個人品牌鮮

明,行事風格親民友善,而且與媒體和粉絲互動良好,說話得體到位,不驕傲、不高調,不僅提攜後進不遺餘力,從事公益更不落人後。這樣的形象,是數十年的累積,絕不是一時僥倖。

別讓苦心經營的形象,毀於一刻

塑造品牌形象不容易,維護更要小心。品牌形象有正面也有負面,而且往往不是你說了算,而是來自他人或社會大眾對你的評價。

我們常看到有些藝人苦心經營自己,好不容易建立良好形象、圈粉無數,卻因為酒駕、吸毒或私生活不檢點等不良示範,立刻在粉絲心中由白轉黑。負面觀感會注入眾人腦袋,形成既定印象,更麻煩的是,人們一旦有了成見,花十倍力氣都很難扭轉回來。

其實,個人和品牌形象說穿了,不過是做人處事的道理,該如何待人接物,怎麼表達自己又讓人舒服,分寸都在

個人。

　不過,有一點要提醒大家,每個人都有自己的風格,在不妨礙他人的情況下,不用為了迎合受眾而委屈自己。塑造品牌形象得先認識自身,運用優勢,加以強化,而不是跟隨流行、人云亦云地去塑造一個和自己性格、特徵不符合的表面形象。唯有真實展現自我,才會自己舒服,別人也自在。

　品牌形象和個人公關的真諦,都是要裡外合一、忠實呈現,這樣才是經營品牌或個人形象最高效省力的方式。

> 建立品牌信任的基礎是:做不到的不說,說出口的就一定要做到。

第五章

AI 浪潮下的
公關行銷新趨勢

科技是工具,行銷的關鍵是人性。
結合人工智能與人類創意,
在保持人文關懷的同時,善用AI與大數據,
創造更大影響力。

在早期的公關工作中，最大的挑戰之一就是缺乏量化數據來證明工作成效。公關的核心責任是維護企業的形象與聲譽，然而這些「無形資產」在過去難以用具體數據衡量，讓客戶常質疑其價值。然而，隨著科技的快速進步，這一困境逐漸得到解決。

　　進入數位化和行銷5.0的時代，科技成為行銷和公關的核心支柱。隨著網路、社群媒體的成熟，以及AI和大數據技術的應用，企業如今可以追蹤、收集並分析消費行為，達到「全程數據化」的效果。進一步分析現代的行銷走向，大約來自兩股力量，包含：

1. **客戶需求升級**：現在的客戶希望每一分行銷預算都能被具體量化，不僅要知道錢花在哪裡，更要知道回報如何。從預算分配到目標族群選擇，再到效益分析，行銷科技已成為不可或缺的工具。
2. **AI驅動策略**：行銷科技的本質是通過數據和技術優化行銷決策。無論是透過 AI 驅動的受眾細分、內容自動生成，還是多管道的行銷效果追蹤，都能提升整體效率與精準度。

行銷科技（MarTech）不僅是 Marketing 和 Technology 的結合，更是目前行銷人的核心競爭力。所有行銷活動背後都需要**數據**支持，未來，無法駕馭科技和數據的行銷人將無法立足於市場。

這幾年，全球行銷科技市場迅猛發展，無數新創企業和科技解決方案湧現，重塑了行銷與公關的面貌。

目前全球行銷科技公司數量已超過一萬家，提供從聊天機器人到影音素材生成等多樣化解決方案。台灣的獨角獸公司——沛星互動科技（Appier）就是其中的佼佼者，展現了本土企業的全球競爭力。

> 公關不僅需要有創意，更需要用數據來佐證創意的價值。

公關人如何擁抱 AI 與大數據？

　　AI 對公關產業確實帶來了一些深遠的影響。從正面的方面來看，AI 技術可以幫助公關從業者更精準地分析和預測公眾興趣和反應，從而更有效地制定和調整策略。像是利用大數據分析，進一步了解目標受眾的行為模式和喜好，以及使用自然語言處理（例如：聊天機器人），監測和回應社群媒體上的話題和趨勢。

　　其次，AI 還可以提高公關活動的自動化程度，例如自動化報告生成、社群媒體管理和客戶互動。很多人擔心 AI 會取代公關的工作，例如寫新聞稿、企劃提案等，但不妨這樣想，AI 不僅提高了效率，還可以降低成本和時間投入，使公關專業人士能夠更專注於戰略性工作。

　　公關人員面對 AI 帶來的衝擊，應該積極學習和採納 AI 技術，包括通過培訓提升 AI 技能和數據分析能力。其次，重視人工智能與人類創意的結合，在保持人文關懷的同時，利用 AI 提供的數據和洞察力來創造更具影響力的公關活動。

　　數據和 AI 浪潮改變了公關的運作模式，數據和 AI 已成

為衡量成效的標準。現代公關人需要重新定位自己的角色，成為**數據驅動的策略家**。我在這裡鼓勵所有的行銷人，包括公關人，大家都必需擁抱科技工具，學習使用數據分析平台（例如：Google Analytics）與社群管理工具來衡量活動成效。公關不僅要有創意，更需要用數據來佐證創意的價值。科技日新月異，公關人更需要保持學習，才能在市場中持續具備競爭力。

行銷科技的浪潮已不可逆轉。作為現代行銷與公關專業人士，唯有擁抱科技，將數據視為策略的基石，才能在瞬息萬變的市場中脫穎而出。這不是一道選擇題，而是通往未來的必然之路。

不過，不能忘記的是，**科技畢竟是工具，行銷的關鍵還是人性。**公關人最重要的是提供有價值、觸動情感、吸引目光的內容，再運用科技觸動粉絲分享及推薦。分享越多、擴散力越強，對於公關的效益則越高，因此，如何聚焦在創意內容，洞察人性並說出好故事，才是公關的根本。

在2024年世界棒球十二強賽期間，棒球協會（CTBA）和中華職棒大聯盟（CPBL）透過官方社群平台，如

Facebook、Instagram、YouTube等，發布比賽資訊、精華片段和幕後花絮，成功吸引大量球迷關注。此外，許多品牌也趁勢搭上棒球行銷熱潮，運用棒球賽事與品牌特色進行結合，強化市場曝光度，拉近品牌與球迷的距離。

像是透過TikTok和Instagram Reels，分享比賽精華、選手帥氣動作、全壘打瞬間，並搭配熱血音樂，吸引年輕族群的關注與分享。除了短影音，也在Facebook和YouTube上分享選手的訓練日常、訪談和隊內互動等幕後花絮，強化粉絲的情感連結。在比賽進行期間，官方帳號也會同時發布幽默梗圖、比賽動態圖文和即時比分，創造話題性。像這些在社群平台上與粉絲們真誠的互動與分享，正是自媒體時代的行銷精髓。

儘管現今網路影片都會運用數位科技，精準導向受眾，以擴增分享力和影響力。但最重要的還是影片內容本身，有趣、生動、真實、話題性十足，才是擴散和點閱率創新高的關鍵因素。**縱使科技領航，人性主導還是數位行銷的核心。**

行銷科技對公關的影響同樣深遠。透過大數據分析每日新聞與輿論的走勢，公關人員能迅速掌握議題的發展方向，

並分析其與品牌的相關性。例如，藉由消費者對品牌的評論，快速了解正面、負面或中立的觀點，進而為品牌提供具體的行動建議。這些數據驅動的洞察，讓公關在協助品牌進行策略決策時，更具說服力與專業性。

　　所有企業都在加大對 AI 科技的投入，行銷也同樣得運用 AI 的配合，透過科技與數據的深度應用，公關與行銷不僅更加精準，還能以更低的資源投入，實現更高的成效，開創更具說服力的品牌故事。

> 擁抱科技，將數據視為策略的基石，才能在瞬息萬變的市場中脫穎而出。

四種媒體模式，創造大聲量

除了人工智慧帶來的新工具，在數位時代，媒體關係與公關操作已經演變出四種主要的模式，合稱 PESO 模式：付費媒體（Paid Media）、贏得媒體（Earned Media）、分享媒體（Shared Media）以及自有媒體（Owned Media）。這四種媒體模式各有特點，靈活運用可以為品牌創造更大的聲量和影響力。

- **付費媒體**：這是企業花錢購買媒體版面或時段的直接宣傳方式，如電視廣告、網路廣告或社群平台上的付費推播，是最常見的廣告行為。
- **贏得媒體**：指企業免費贏得的媒體曝光，通常來自企業活動或事件引起媒體的主動報導，或者透過公關公司積極爭取的媒體邀約。例如提供吸引人的新聞大綱或專訪機會，成功吸引媒體注意。
- **分享媒體**：來自社群媒體上的口碑與分享，當消費者在社群平台上主動談論、推薦或轉發與品牌相關的內容時，能有效放大品牌的聲量。

官方網站、粉絲專頁　　　　　廣告、橫幅、Google 關鍵字

自有媒體
Owned media

付費媒體
Paid media

分享媒體
Shared media

贏得媒體
Earned media

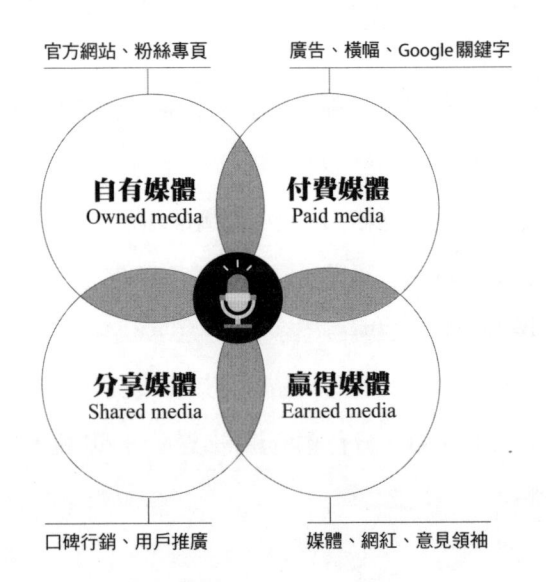

口碑行銷、用戶推廣　　　　　媒體、網紅、意見領袖

運用 PESO 創造品牌綜效

◆ **自有媒體**：由企業自行擁有並控制的媒體平台，如官網、官方部落格、電子報或品牌的社群媒體帳號。這些平台是品牌直接與受眾互動的重要資產。

每一種媒體都有其獨特的屬性與優勢，在資訊碎片化的時代，僅依賴單一媒體形式可能無法達到理想效果，建議可將四種媒體模式交互結合，形成策略聯動，例如，付費媒體可以快速增加曝光，贏得媒體則能建立公信力，而分享媒體與自有媒體則能加強與目標客群的互動與連結。

透過整合 PESO 模式，品牌可以實現更高的觸及率和聲量，同時最大化每一分行銷資源的效益，成為競爭激烈市場中的焦點。

案例解析： Uniqlo 成功的整合行銷操作

當 Uniqlo 向全球推廣「LifeWear」概念時，強調服裝不僅是時尚，更是與日常生活緊密結合的設計哲學。這一行銷策略通過 PESO 模式，整合廣告、公關與社群力量，將一支廣告轉化為跨平台、跨國界的話題現象，不僅提升了品牌形

象,還成功觸及了多元受眾,成功打造了一場整合行銷的經典戰役。以下是Uniqlo如何運用PESO模式的分析。

1. 付費媒體:打開知名度

Uniqlo投放高質感的平面與數位廣告,在國際各大城市的地標廣告牌(例如:紐約時代廣場和東京澀谷)及社群媒體平台(Instagram、YouTube)進行推廣。廣告內容展現「LifeWear」系列服裝的實用性與舒適性,並邀請名人(例如:世界網球名將Roger Federer)作為代言人,增強品牌的全球吸引力。

2. 贏得媒體:提升品牌公信力

LifeWear概念與產品設計吸引了國際媒體的關注,包括《Vogue》、《GQ》等時尚媒體,紛紛撰文讚揚其簡約實用的設計理念。同時,Uniqlo的產品也多次在媒體評選中被列為「年度最佳性價比服裝」,有效提升品牌的公信力。

3. 分享媒體:擴大影響力

透過社群平台發起「#LifeWearStyle」挑戰,邀請消

費者分享自己穿著 Uniqlo 的日常穿搭。活動吸引了大量用戶生成內容（UGC），並促使消費者主動分享產品體驗，成功製造口碑效應。

「LifeWear」專題影片在 YouTube 上的觀看次數突破一千萬次。「#LifeWearStyle」的社群活動產生了超過五十萬條用戶內容，並被轉發上百萬次，增強品牌的擴散度。

4. 自有媒體：增強品牌連結

Uniqlo 在官網和官方 App 中，設立專屬「LifeWear」專欄，提供系列產品的設計理念、穿搭建議與使用場景。此外，Uniqlo 還推出了電子雜誌《LifeWear Magazine》，分享與品牌理念相關的生活故事，強化品牌與消費者之間的情感連結。

在實際行動上，Uniqlo 還做了兩個品牌活動策略，以延伸及突顯品牌的創新，包含：

- 跨界合作：與知名設計師（如 Jil Sander 和 Christophe Lemaire）推出聯名款，將 LifeWear 理念延伸至高端

時尚領域，吸引更多目標受眾。

◆ 實體店體驗：在全球旗艦店內設立「LifeWear 展區」，結合數位互動體驗，讓消費者了解產品背後的設計理念，深化品牌記憶。

　　Uniqlo 的品牌行動除了增強品牌力以及增加粉絲人數之外，同時也反映在營收上，銷售額同期比增長百分之十五，旗艦產品（如 HeatTech 系列）成為熱門爆款。可謂是成功的行銷案例。

　　Uniqlo 成功結合 PESO 模式，將品牌理念貫穿至每一環節，用付費媒體提升知名度，用自有媒體深化品牌價值，促成粉絲分享、擴大口碑行銷，最後贏得媒體報導增強公信力。

> KOL 不只是代言人，而是信任的轉化者。

Uniqlo的案例展示了如何通過精細的策略設計與整合運作，將品牌理念全面滲透市場，最終實現行銷與銷售的雙重成功。

KOL的影響力與社群的結合

　　在網路與自媒體當道的時代，「有影響力的人」的定義早已不再侷限於影星、歌手或電視曝光率高的藝人，而是擴展至各行各業的網紅與YouTuber。這些KOL（Key Opinion Leaders，關鍵意見領袖）在粉絲專頁、YouTube或Instagram上的追隨者，輕易就能達到百萬甚至千萬，比起傳統媒體的發行量，有著更廣泛的觸及力。他們的一句話或一個行動，能對粉絲群體產生的影響，遠超出我們的想像。

　　新型態的公關策略必須將KOL納入企業的利益關係人，作為溝通的重要對象。這種現象也反應在近年的選舉期間，為什麼各候選人紛紛與知名KOL合作直播或錄製節目，就是希望透過跨界的互動效果，吸引特定受眾的關注。

與傳統媒體相比，KOL的影響力變化更為快速且多元。粉絲數與瀏覽量會因網路議題的發酵或個人表現的起伏而波動。因此，公關人需要持續監控這些數據，評估KOL的影響力與內容產製品質，才能找到最適合品牌需求的合作對象。

現代行銷最具特色的一點是消費者角色的轉變。他們不再只是被動的接受者，而是品牌活動的參與者和體驗者，甚至成為品牌宣傳與銷售的主動推手。

案例解析：
分享媒體的典範，嵜本生吐司與 Wave Shine 泳裝

我認識的一對創業家夫妻姚瑞欣與闕怡瑩，是成功運用KOL與分享媒體的典範。他們創立的服飾品牌CACO和泳裝品牌Wave Shine，巧妙地利用網紅在Instagram上分享泳裝照片，吸引了大批粉絲的注意，成功帶動銷售業績。

此外，他們曾與夥伴引進大阪的「嵜本生吐司」，開創台灣生吐司的浪潮，在產品和行銷上做了很多差異化的區隔，例如九宮格式的果醬吃法、旗艦店的拍照景點設計，在

開幕時便吸引大量網紅、創業圈與媒體,爭相分享開箱體驗和照片,引發一陣搶購熱潮。這些成功案例源於,他們懂得整合KOL的影響力,與自媒體的傳播效應。

品牌想要圈粉並維持高黏著度,必須善用文章、產品照片、影片與真實體驗,讓消費者對品牌產生深刻印象。結合KOL的推廣效應與粉絲的自發分享,不僅能帶來倍速擴散的廣告效果,還容易成為熱門議題,引發媒體的主動報導。

這種互動式的連結,正是數位時代與自媒體操作的高效模式。通過KOL的助力與粉絲的參與分享,品牌不僅能夠快速提高知名度,更能有效鞏固市場地位。

Wave Shine與嵜本生吐司將傳統行銷與現代社群公關手法融合,成功打造出極具話題性與高黏著度的品牌。我們來分析一下他的關鍵策略:

1. 精準挑選KOL與社群媒體:放大傳播效應

KOL不只是「代言人」,而是「信任的轉化者」。KOL不只是展示產品,而是「分享一種生活方式」,讓品牌透過他們的語言自然滲透粉絲社群。這種由下而上的傳播,容易引發「我也想體驗看看」的心

理。同時也利用Instagram這類視覺導向的社群媒體平台，結合高顏值產品與場景，營造強烈吸睛感。

2. 創造話題與記憶點：打造「自來水」式擴散

Wave Shine 的泳裝，從剪裁、顏色、場景感都自帶「能被拍」的話題，他的產品設計本身就很有記憶點；嵜本生吐司則是設計「九宮格果醬」的體驗儀式感，讓產品本身變成內容素材。

產品設計不是只有功能與外觀，而是能否「被拍、被說、被分享」。他們懂得把產品設計成「社群內容的一部分」，讓KOL和消費者自然創造UGC，形成「自來水」式的擴散，就像打開水龍頭，關於產品的各種資訊，就能快速流向消費者手上。

> 品牌的核心能力是，創造一個別人願意主動幫你傳播的世界。

3. 場景與儀式感：讓消費者替你發聲

CACO、Wave Shine將店面設計成適合拍照打卡的空間，且將消費者體驗變成「一趟可以炫耀的旅程」。品牌策略不是「請你來買東西」，而是「讓你來參加一場好玩的活動」。消費者的分享慾，源於「我參與了什麼有趣的事」而非單純購買。這種行銷設計是現代公關的延伸，你不再主導訊息，而是設計環境，讓消費者成為主動的內容創造者。

4. 粉絲經營與內容再製：借力使力，創造參與感

透過粉絲的分享推廣品牌，再將社群反應與回饋再製成下一輪的內容或活動設計。不只是靠KOL，而是懂得把消費者當成小型KOL。一個貼文、一張照片，都可能成為下一次活動靈感。這種「互動式行銷」，不但黏著度高，更建立一種「我們一起創造品牌」的參與感。

從上述案例中可以發現，在自媒體時代打造品牌的心法，便是「以公關的思維做品牌」，他們不只是賣產品，而

是在打造「值得參與、值得被看見的品牌故事」。這正是**現代品牌最需要的核心能力:「你不是在做生意,而是在創造一個別人願意主動幫你傳播的世界。」**

這樣的操作手法,無論對新創或大品牌來說,都是極具參考價值的典範。若能結合品牌自身特色,導入KOL策略與場景設計,再搭配優秀的產品品質與使用體驗,就有機會創造「高信任＋高話題＋高回購」的三贏局面。

實時互動模式,直播主也是一種KOL

另外還有個要關注的現象就是直播主的崛起,他們運用短影音的工具以直播方式帶動銷售,已經成為現代電商的銷售模式。直播主作為數位媒體時代的產物,其影響力不斷擴大,已從最初的娛樂層面滲透到消費、文化和社會層面。他們也算是一種網紅,通過即時互動的形式吸引受眾,建立起深厚的粉絲關係,形成了傳統媒體難以企及的影響力。

直播主與觀眾的實時互動,無論是回答問題還是即興表

演,都能快速建立真實感和信任感,縮短與粉絲之間的心理距離。直播主能實時展示產品,提供詳細講解,並通過優惠碼、限時折扣等方式驅動消費。因此他們也成為了有影響力的人。

直播主通常有明確的垂直領域(如美妝、遊戲、美食、旅遊等),吸引的是對這些領域感興趣的目標受眾。他們在年輕世代中尤其具有文化影響力,他們經常是新趨勢的發起者或推動者。例如,新的用語、穿搭風格或生活方式,往往源自直播主的日常分享。

品牌能通過合作,直接觸及與產品高度匹配的消費者群體,提升行銷投資回報率(ROI)。而消費者能在直播過程中即時購買,縮短購物決策流程,大幅提升轉化率。可說是現代新興發展中的銷售模式,正影響著我們的消費行為。

總之,直播主的影響力已超越傳統媒體,成為數位行銷的重要一環。他們憑藉即時互動、專注垂直領域和社群經濟,推動消費行為和文化潮流。然而,要充分發揮其價值,品牌也需要精心選擇合作對象,並制定明確的目標,才能在這個快速變化的市場中取得成功。

▌公關心內話 ▌

公關不是天生外向，
但後天絕對可以磨練而成

　　並不是每個公關人天生就擁有長袖善舞、口若懸河的特質。我也曾經被認為是天生外向的溝通者，其實在初入行時，面對酒會場合中形形色色的陌生人，我總是顯得緊張而不自在，甚至不知道該如何自然地開啟話題。

　　有好一陣子，我特別羨慕那些侃侃而談、信手拈來就能上台演說的人；也非常羨慕那些一拿起酒杯，就可以找話題和初見面的與會者聊得熱絡的人。

　　我是在工作歷練下，靠著後天的職業訓練與不斷的實戰磨練，才逐漸學會如何在社交場合中坦然自若地與人交流，甚至學會如何主動引導話題，進一步深化互動。

　　如今，許多人可能認為我是那種天生外向、自信滿滿、

擅長表達的人，但實際上，我並非如此。我的所謂「外向性格」是多年來在公關工作的磨練中塑造出來的，而非與生俱來的特質。

當習慣了一次又一次的社交場景後，對外交流的恐懼感逐漸被自信所取代。無論是一對一的交談，還是在一群人中談吐風生，這些能力都源自於後天的學習與實踐。

事實上，公關這份工作的核心，不在於個人性格是否外向，而在於如何通過專業能力，為品牌與組織創造價值。

現在很流行的MBTI人格類型分析，很多人會問你是E人（外向）還是I人（內向）來開啟話題。總會覺得E人比較能社交，I人比較有社恐，我認為這個作為參考就好，千萬不要給自己設限。我在沒有訓練自己之前也是I得很厲害，但只要自己願意突破，什麼事情都難不倒我們，這並不是要改變個性，而是要讓自己更能夠在工作和人際關係上，展現自信與從容。

第六章

經營「利益關係人」的精髓

良好的關係來自用心經營，
與「利益關係人」保持完美的互動，
不僅能提升個人的影響力，
也為未來的成就奠定基石。

進入公關產業後，我逐漸發現「利益關係人」（Stakeholder）的重要性。這個關鍵詞幫助我理解公關工作的核心，就是處理組織或企業與利益關係人之間的互動。

　　每家企業或組織都有各自的利益關係人，包括政府、客戶、社區、員工、投資人、消費者、公會和媒體等。他們不僅影響企業的利益，也塑造企業的運營環境。而所謂的「公共關係」（Public Relations, PR），正是指這些利益關係之間的維繫與經營。

　　基於利益關係人的多樣性，公關行業也曾根據領域而分工，出現了專門經營各行各業的公關公司。像是專注於投資人關係的財務公關公司，還有處理政府關係的政策公關公司以及專注於員工關係的內部溝通公司。但是天下合久必分，分久必合，因為社群媒體的出現，現在的公關公司也趨於整合，稱為多功能型的公關公司。

　　我早期創業時，就選擇鎖定科技業，開啟了「科技公關」的專業方向。當時正好是科技業大爆發的年代，而台灣又是全球科技產業的代工地區，所以市場也相對的需求量大增，在天時地利的優勢下，我實現了自己的創業夢。若以現

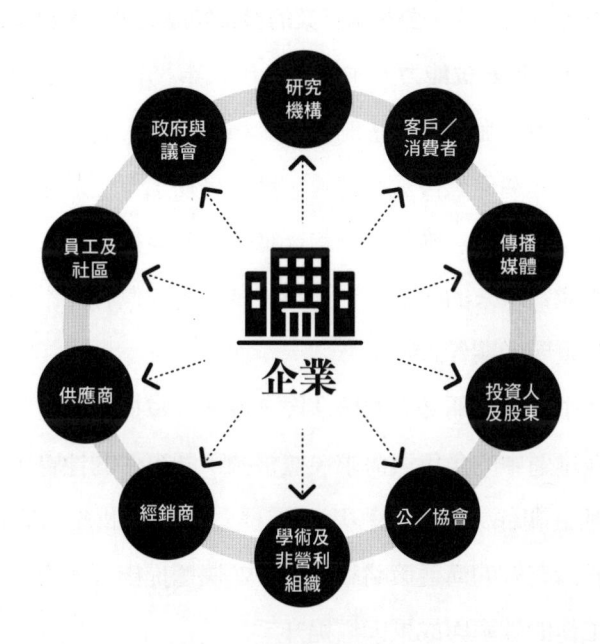

企業的重要利益關係人

在環境而言,我恐怕很難再複製類似當年那樣精彩的事業成就了。

現代公關,除了要具備行業的產業知識之外,還必須結合科技、廣告和數位能力,才能跟上現代市場行銷的趨勢,幫助客戶實現「品牌溝通」的目標。

良好的關係來自用心經營。無論是在工作還是生活中,與「利益關係人」維繫良好的互動,不僅能提升個人的影響力,也能為未來的成就奠定基石。試問,我們怎能不好好善待這些重要的關係人呢?

在了解利益關係人的概念後,我逐漸掌握了如何分析每個人在議題中的角色與需求,並根據不同事件的性質,快速排列利益關係人的優先順序。這種分析幫助我釐清客戶問題、設計有效的溝通策略和議題,並快速提出解決方案,讓公關工作的效率與成果大幅提升。

以議題為核心，連結利益關係人

有時候，客戶尋求公關協助時，並不完全清楚自己的真正需求。例如，有一次，一位客戶希望我們籌劃一場活動，提升公司的知名度並增加銷售量。然而，在深入溝通後，我發現增加銷售量並不是活動的核心目的，真正的目標是讓股東和潛在投資者看到公司的潛力，進而為募資計劃爭取更多支持。

釐清客戶的需求是做客戶服務最關鍵的技巧，如此一來，活動的策略規劃與訊息傳遞的重點自然要有所調整。這意味著，活動的設計應圍繞「如何增強股東對公司的信心」，例如展示公司的穩健發展、未來潛力或市場領導地位。至於提升知名度與銷售量，則成為次要考量。

> ❝ 經營好利益關係人，
> 是成功的關鍵。❞

現代環境變化快速，企業經營者面對複雜的挑戰，以及來自多方利益關係人的期待與需求，企業不僅要與客戶維繫良好的關係，還要讓股東、投資人、員工甚至媒體都成為支持者，才能在企業面臨困難時，有人願意為之背書或發聲。因此管理利益關係人變成企業經營非常重要的範疇。

在社群媒體主導的溝通時代，管理利益關係人的方式正從「以企業自身為中心」的模式，轉變為「以議題為核心」。企業需要根據議題的專業度與影響力，連結不同的利益關係人，形成支持陣營，為企業形象與聲譽加分。

例如針對股東與投資者，必須聚焦於增強他們對公司未來發展的信心；針對消費者，要提供具吸引力的產品與體驗，建立品牌忠誠；針對媒體與公眾，則要在關鍵議題上塑造企業正面的社會影響力。不同的利益關係人，所關心的議題或角度有所不同，我們也必須針對他們的需求做出溝通策略的調整。

案例解析：
戶外品牌 Patagonia，「以議題為核心」連結利益關係人

　　Patagonia是一家以環保為核心價值的戶外服裝品牌，它在市場上「以議題為核心」的方式，成功連結多方利益關係人，推動品牌價值並贏得全球認可。

　　Patagonia的關鍵議題是「環境保護」，它不僅將此作為品牌的核心價值，也通過產品設計、營運模式和公益活動傳遞這一理念。以下是說明該品牌如何以議題為核心，成功連結利益關係人的策略。

◆ 對消費者：Patagonia推出「不要購買這件外套」（Don't Buy This Jacket）廣告，呼籲消費者減少浪費，購買真正需要的產品。開設產品修復服務，鼓勵消費者修復舊衣而非購買新衣，從而吸引認同環保價值的消費者，強化品牌忠誠度。結果消費者不僅成為品牌產品的購買者，還成為品牌理念的支持者和傳播者。

◆ 對媒體：他們與媒體合作發布與環保相關的紀錄片

和深度報導，進一步擴大了品牌在環保領域的聲量。媒體不僅增強了Patagonia的公眾認知，也幫助其強化「環保鬥士」的品牌形象。

◆ 對政府：Patagonia投入大量資金，支持與氣候變遷和保護公共土地相關的非營利組織，並遊說政府制定更嚴格的環保政策。

◆ 對社區與NGO（非政府組織）：與多個NGO組織合作，捐出部分銷售收入支持環保活動，例如，資助清潔海洋、保護山林等計劃，並且在各地舉辦環境清潔活動，邀請當地社區與消費者一同參與，將議題化為具體行動。結果不僅建立與在地社區的緊密連結，也加強品牌的公益形象。

◆ 對員工：Patagonia為員工提供環保教育，讓他們成為品牌價值的代言人。鼓勵員工參與環保活動，並允許帶薪休假來支持個人認同的環保計劃。此舉對內部利益關係人形成的一致價值觀，增強了內部凝聚力與外部信任感，成果是Patagonia成為全球環保品牌的標竿。

儘管呼籲「少消費」，其銷售額在推出環保廣告後顯著增長，並且成功將環保從一個品牌議題轉變為一個全球性話題。Patagonia的成功，展示了以議題為核心，連結不同利益關係人，實現品牌價值與社會影響力的雙重提升，這樣的作法其實很值得企業深思與效法，如此一來，在內外溝通的訊息就會非常一致，並且也有說服力，贏得大眾認同。

多維度關係管理：PR、IR、GR

最後來聊聊投資人關係（Investor Relations, IR），尤其在新創募資階段或是上市的公司，投資人關係是不可或缺的關鍵任務。通常準備上市櫃的公司都會有專人負責投資人關係，他們的主要職責是確保公司在市場中的透明度，透過定期提供年度財報、營運狀況等資訊給產業分析師與媒體，同時回應散戶投資人的財務諮詢。然而，這份工作並不輕鬆，特別是在公司業績不佳或股價大幅下跌時，IR部門常需面對散戶投資人的不滿甚至無理指責。

投資人關係大多是由財務部負責,不過對外溝通這件事,除非財務長本身有受過公關的訓練,否則最好還是與公關人員合作,負責對外的形象管理與媒體關係。他們的職責範圍廣泛,包括:

1. 對外發言與媒體管理:發布新聞稿、組織記者會,並回應媒體詢問,確保公司聲譽不受損害。
2. CEO形象管理:為企業領袖設計公開形象策略,強化領導者的專業與親和力,提升投資者與社會大眾的信心。
3. 危機管理:在面臨突發事件時,協助公司快速制定應對策略,控制輿論走向。

有的大企業還會成立政府關係(Government Relations, GR)部門,負責處理與政府機構及公協會的互動。GR部門的工作尤其具有策略性,涵蓋以下幾個方面:

1. 政策溝通與協調:確保公司在法律與政策的制定過程中能有效發聲,爭取有利的商業環境。
2. 政府項目合作:爭取政府補助或參與政策相關的企

業合作計劃。
3. 公協會關係管理：與行業協會保持密切互動，促進行業內的共同發展。

　　PR、IR和GR部門在上市上櫃公司中各司其職，但這三者的工作環環相扣。特別是在公司面臨挑戰或需要資源支持時，三個功能的協調合作，能幫助公司度過難關，提升整體競爭力。這種多維度的關係管理，已成為現代企業，尤其B2B企業成功運營的必備基礎。

> 與利益關係人維繫良好互動，不僅能提升個人的影響力，也為未來的成就奠定基石。

公關心內話
誰是你最重要的利益關係人？

　　坦白說，我並非傳播相關科系畢業，也沒學過公關課程，但陰差陽錯地進入了這個領域，成為了一名公關人。我的所有知識與工具，幾乎都來自職場上的「學中做」與「做中學」。公關工作對實戰經驗的高度需求，和我喜歡學習、擅長靈活應變的個性不謀而合，因此我才能在這個領域深耕多年。

　　回顧我的職涯，有三位不知名的利益關係人，在我創業歷程中扮演了關鍵角色。故事要追溯到奧美集團準備併購我所創立的21世紀公關公司時的經歷。對奧美而言，這筆交易存在風險，除了財務數據的透明性，他們更關注公司領導人的品德、願景和價值觀，因為這些因素直接影響併購後的發展方向與成長高度。

當時，奧美前董事長白崇亮採取了一個高明的策略，諮詢三個與我相關的利益關係人：客戶、前員工和媒體記者。他事後告訴我，這些人的回饋對他做出併購決策至關重要。客戶提供了我在維繫客戶關係及服務品質上的真實評價；前員工描述了我的管理方式、員工福利理念，以及企業文化的細節；而媒體記者則分享了我在處理媒體關係時的專業態度與能力。

這三個面向，分別驗證了我在業務能力、人才管理與公關專業上的實力，讓白董對我的聲譽和公司營運狀況有了全面且準確的理解。最終，這些資訊加上財務評估，促成了這場雙贏的併購案。

這次經歷讓我深刻體會到，經營好利益關係人，是成功的關鍵。客戶回饋代表我們的業務能力及服務水平；前員工的回饋代表內部人才素質與文化；而媒體的回饋代表我們對外的專業形象及媒體關係。他們的評價無形中成為我的見證者，影響著別人對我的判斷和決策。

無論在工作還是生活中，我們都應反思：誰是自己最重要的利益關係人？

在工作上，是客戶、同事、主管、商業夥伴等，他們對你的印象可能影響你的聲譽、升遷機會和財富。在生活中的利益關係人，像父母、伴侶、子女、兄弟姊妹、朋友等，有他們的支持與情感關懷，對你的心理健康與幸福感至關重要，所以我們怎能不善待身邊的利益關係人。

正如一句話所說：「你能給別人最好的禮物，就是時間。」時間是無價的，將它花在重要的利益關係人身上，尤其是家人，不僅能收穫深厚的情感支持，也為工作與生活鋪平了更美好的道路。

個人如此，經營企業也是如此，更何況企業利益關係人的評價更是左右了企業的形象。

第七章

與媒體互動的藝術

公關與媒體,是一種供需平衡。
魚幫水、水幫魚的關係,是公關和媒體間的最佳狀態,堅守彼此的專業,給予尊重與信任,才是雙贏。

公關在不同組織中扮演的角色與傳遞的訊息，會隨企業屬性與需求而變化。若想了解一家公司的公關功能或其注重的重點，可以觀察它通常發布的訊息內容。公關訊息架構可以分為三個層次，分別是市場行銷面、企業溝通面和公共事務面。部分大企業甚至會針對這三個層次，設立專門部門，分別負責不同的訊息與策略。

第一層：市場行銷面（Marketing Communication）

　　主要聚焦於銷售相關的訊息與活動，目的是促進營收。常見訊息像新產品發表、新服務規範、技術創新、產品規格更新、新通路開拓、促銷活動及顧客服務與品牌推廣。台灣百分之八十的企業，特別是B2C公司，其公關功能大多集中在這一層次。例如零售業、消費品行業，主要通過市場行銷面來支持銷售業績。

第二層：企業溝通面（Corporate Communication）

　　關注企業形象、聲譽與內部文化的建立與傳遞。常見訊息像品牌故事、創辦人理念、財務報告、年報、併購策略、

企業文化與精神、人才培育以及企業社會責任。上市上櫃公司及大型B2B企業通常會設置企業溝通部門，負責投資人關係、CEO對外形象管理等工作。這些訊息不一定能直接提升營收，但對企業形象和聲譽有深遠影響。

第三層：公共事務面（Public Affairs）

關注全球與社會議題，分析其對公司長期發展的影響，並為政策建言。常見訊息像政府政策法令、財經趨勢、產業機遇與挑戰、國際情勢、環保議題、兩岸關係、促進產業發展的建議與行動。通常是產業領導者或有全球視野的大型企業會設立公共事務部門，為產業界與政府間建立溝通橋梁，甚至影響政策制定。

> ❝ 媒體的力量如水，能助力企業傳遞好消息，也可能放大壞消息。❞

訊息內容舉例	① 市場行銷面 Marketing Communication	② 企業溝通面 Corporate Communication	③ 公共事務面 Public Affairs
	新產品發表	品牌故事	國際情勢
	產品規格	營運績效	政府政策／法令
	新通路管道	企業文化、精神	財經趨勢
	新技術發表	人才培育	產業優勢與困境
	顧客服務	創辦人理念	環保議題
	新服務規範	公益活動	兩岸議題

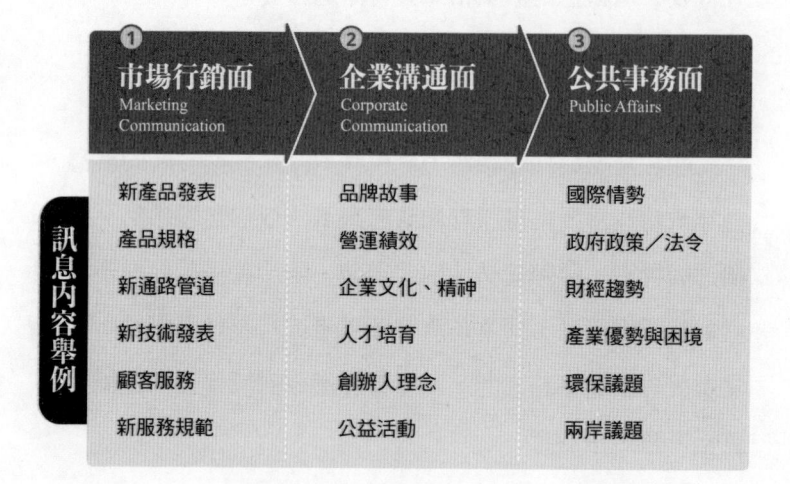

訊息內容舉例：公關傳遞訊息的三層次

公關傳遞訊息的三個層次，沒有優先順序，而是隨企業理念、規模與資源的不同而有所側重。隨著企業發展階段的演變，公關策略也需要靈活調整，確保在不同層次上都能為企業創造價值。這種層次分工的模式，展現了公關作為企業溝通與發展橋梁的重要性。

企業與媒體的關係：魚幫水，水幫魚

企業與媒體之間的關係充滿了微妙的權力動態和互動。這種關係既有合作也有衝突，並且在不同的情境下會呈現出不同的面貌。

媒體的力量如同水，既能助力企業傳遞好消息，也可能放大壞消息。當一家公司拒絕與媒體溝通時，正面的資訊無法傳遞，但負面的消息卻往往引來媒體的追逐報導。這種「好事不出門，壞事傳千里」的情況，對企業的形象不利。

我有一位朋友在接受媒體採訪後，對刊登的文章感到極度不滿，因為他特別交代「不要寫」的內容卻被一一報導出

來。從那次不愉快的經驗之後,他對媒體抱著強烈反感,再也不願接受採訪。

這件事不能完全怪媒體。媒體的職責是挖掘和報導不為人知的消息,尤其是那些特別被交代「不能報導」的內容,往往成為他們眼中的珍貴訊息。這位朋友在採訪中,將對話視為閒聊,無所不談,甚至特意強調不能寫的部分,這是他對媒體屬性的誤解所致。

媒體的天職是讓真相被更多人知曉。如果媒體得知關鍵資訊卻選擇隱瞞,反而可能被視為不負責任。**作為一位企業領導者或發言人,了解媒體如何運作,管理自己的言談,才是面對媒體的正確態度。**

然而,這位朋友採取「一朝被蛇咬,十年怕草繩」的方式,完全斷絕與媒體的接觸,並不利於企業的長期發展。拒絕採訪,就如同因一次不嚴重的摔車意外而從此不再騎單車,失去了享受乘風騎行的便利與自由。與其避而不見,不如學習與媒體相處的技巧,就像小心騎乘可以降低意外發生的機率一樣。

這位朋友將企業經營得非常成功,但其企業知名度始終

不高,這與他長期拒絕媒體採訪有一定關係。他認為「做人低調,專注產品,客戶自然會發現」,然而市場的現實卻顯示,知名度不足不僅影響業務拓展,還在市場傳聞出現時,讓他因缺乏媒體應對技巧而吃虧。

因此,所有的CEO在面對媒體之前都必須要做好媒體相關訓練,所謂知己知彼百戰百勝,了解媒體,知道媒體的思維與需求,才能為自己創造話語權,為企業和品牌創造良好形象。

媒體是一個重要的傳播管道,不僅能提高企業的品牌知名度,更能在危機時刻發揮澄清與引導的作用。企業需要與媒體保持良性互動,在需要時獲得支持。因此,了解媒體屬性與運作邏輯,明白哪些內容可說,哪些需要更謹慎,是每位CEO必備的技能。同時也要學習採訪應對技巧,掌握如何清晰表達重點,避免踩到不必要的地雷。

> 媒體不是你的員工,而是你傳遞訊息的管道。

懂得如何面對媒體，是每一個企業管理者必須學習的課題。與其排斥媒體，不如主動掌握與媒體互動的藝術。當企業能妥善運用媒體傳遞正面資訊，並在關鍵時刻有效澄清負面傳聞，就能為品牌形象與市場地位帶來持續助力。這是一門長期經營的重要能力。

公關與記者之間，是一種「供需平衡」。公關需要記者刊登企業的正面訊息，記者也需要公關提供企業的第一手消息。面對各自不同的需求，兩者能夠像親密朋友般無話不談，基本上是難上加難。然而，在我的生涯中，確實有少數幾位記者朋友，現在變成了摯友，這完全是基於當年培養的默契，以及時間累積出的信任。

記者協助我了解媒體產業的運作及議題選擇，讓我在提供客戶訊息上能夠更精準，也幫助我達成公司的任務。我在不違反公司規定的前提下，提供記者所需資訊，協助完成作業，就算有不能說的苦衷，也會請他們諒解。

這種魚幫水、水幫魚的關係，是公關和媒體間的最佳狀況。不過，並非每家媒體和公關都有這樣的共識，其實雙方誤解或各懷鬼胎的案例也很多。

媒體和企業之間的關係有時像諜對諜，因為各自的立場不同，所以一個追一個躲，對企業來說，如果是正面訊息，當然希望曝光越廣越好，不想獨惠某家媒體；若是負面訊息，自然不希望被任何媒體刊登。然而媒體的立場恰好相反，要不給我獨家，要不我就去挖內幕，因為希望寫出別人所沒寫的，所以公關夾在企業與媒體間，分寸的拿捏很重要。一方面，要滿足媒體需求，幫助記者如期完稿；另一方面，也需保護企業，努力讓企業想傳遞的訊息被刊登，這可謂公關人員的挑戰。

經營媒體的關鍵：尊重與信任

　　公關如何代表企業面對媒體，這是一門講究技巧的藝術。我依據個人經驗總結幾項建議，幫助公關在與記者互動時建立信任、提升合作效果。

1. 成為記者的產業嚮導，分享知識與趨勢

　　特別是剛開始負責某個領域的新手記者，對產業鏈

的上下游關係可能不熟悉。這時，公關可以扮演導師角色，主動分享產業趨勢與公司資訊，不僅能建立專業形象，還能加強彼此的信任。

2. 協助達成目標，但不必有求必應

公關不一定需要滿足記者的所有要求，但可以盡力幫助他們完成工作目標。例如，協助找到合適的採訪對象、提供第三方數據或觀點等，這些都是實際又高效的支持方式。

3. 守時守信，尊重截稿時間

答應提供的資訊，務必要守信。特別是要瞭解不同媒體的運作方式。例如，網路媒體可能隨時都在截稿，而傳統媒體則有固定的時間表。與其猜測，不如直接詢問記者的真實需求，準時送達，才能真正幫上忙。

4. 事實為本，絕不誤導或欺瞞

與媒體互動時，只能陳述事實。有些資訊可以選擇不說，但千萬不能提供虛假或誤導性的內容。一旦信任被破壞，未來的合作將難以為繼。

5. 善用自有媒體，掌控訊息發布

企業的官網或自有媒體是掌控訊息的最佳管道。針對重大消息或與消費者息息相關的資訊，可以先行在自有的媒體平台發布。如此一來，傳統媒體與網路媒體往往會跟進，進一步放大影響力。

6. 處理錯誤報導，先禮後兵

面對不實報導，第一時間應該透過自有媒體澄清事實，穩住輿論方向。如果與記者溝通無果，而對方有惡意誹謗的傾向，最後才考慮採取法律途徑。

最後提醒，**經營媒體關係的核心，在於尊重與信任**。雖然公關與記者的立場不同，但只要彼此堅守專業原則，理解對方的職責，就能用合作精神創造雙贏，讓雙方都在專業領域中發光發熱！

> 了解媒體的思維與需求，為自己創造話語權、為企業和品牌創造好形象。

與媒體共舞的心法：了解需求、激發興趣

許多人以為公關的工作就是經營媒體關係，這只是因為媒體傳遞訊息的影響力最顯著。隨著傳統媒體逐漸數位化，或同時經營線上與線下，瀏覽率和分享數字成為衡量傳播效果的重要指標。

無論是傳統媒體還是數位媒體，企業與媒體互動的基本法則並未改變。公關通常透過新聞稿、媒體活動、採訪安排、內容行銷或專欄策劃等方式，吸引媒體的興趣。至於什麼樣的內容能讓媒體感興趣，大概包含下列幾種：

1. **新產品或新服務發表**

    突顯產品的獨特性和競爭優勢，說明其在市場上的價值。例如，與同類產品相比的創新功能或突破性技術，往往能吸引媒體的目光。

2. **人物側寫**

    人物故事是媒體的最愛。例如，創業契機、企業從谷底反彈的歷程或CEO從基層員工一路奮鬥的勵志故事，這些反差鮮明的內容，容易成為報導焦點。

3. 事件行銷

主動創造亮點與話題。例如，舉辦產品發表會或慈善活動時，邀請名人參與、站台，不但可以吸引人潮，也會提高媒體報導的可能性。

4. 符合趨勢的議題

媒體偏愛與時事結合的內容。例如，企業在川普2.0時代的經營策略，或響應永續發展目標的措施，這些都能激發媒體的報導興趣。

經營媒體關係是公關人員的基本功。了解媒體需求，並適時提供有價值的資訊，會讓你成為記者眼中值得合作的對象。平時與記者保持互動、互通有無、培養信任感和相互尊重，不僅能強化關係，也能在關鍵時刻爭取更多關注。

同時，公關需拿捏好專業與私交的分寸。尊重媒體的專業需求是合作的核心，至於私人交情，則屬於個人層面的經營。掌握這些原則，企業與媒體之間的恰恰舞才能跳得恰到好處，進退自如。

接受採訪的 Do and Don't

許多企業或受訪者對媒體的需求缺乏了解，不僅不清楚如何應對發言，還時常忘記自己擁有的權利以及自己需要先做的功課。

為了確保採訪順利進行，以下七項準備必不可少：

1. 採訪大綱：了解記者可能提問的方向。
2. 每個問題的答案：提前設計核心內容。
3. 主要訊息：確立訊息架構。
4. 金句標題：精心設計可用作標題的語句。
5. 輕鬆的心情：保持自然狀態，讓對話更具流暢感。
6. 與公關人員的準備與討論：確保對外訊息一致。
7. 錄音或記錄工具：面對重要或敏感採訪時，方便事後檢查發言內容。

有時，為了滿足媒體的要求，受訪者在訪談間會趨於弱勢、會無條件配合，甚至偏離企業希望傳達的核心訊息，導致不必要的損害。其實受訪者和媒體都擁有一些「權利」，

但很多受訪的當事人並不了解。其實只要雙方在互動中相互尊重，並清楚了解各自的立場，在採訪之前做好準備、明確界定權責，便能在報導中展現最佳的企業形象，創造雙贏的結果。以下列舉受訪者與媒體的權利：

◆ **受訪者的權利**

1. 了解採訪背景：有權知道採訪主題、媒體屬性和記者的身分。
2. 表達自己的立場：有權陳述自身觀點，並在需要時重申看法。
3. 控制受訪環境：有權決定採訪地點和形式，營造舒適的交流氛圍。
4. 確認內容呈現方式：有權詢問採訪內容如何被呈現。

> 主要訊息不僅是溝通的工具，更是保護自己與組織的盾牌。

5. 即時更正錯誤：若記者在訪談中出現誤解，受訪者有權當場更正或要求後續修改。
6. 選擇不回應：對於不適合回答的問題，有權選擇禮貌地結束回應。

◆ **媒體的權利**

1. 追求新聞真相：有權合理探詢消息來源，確保報導的真實性。
2. 獲取最新資訊：有權在截稿前要求最新消息的更新。
3. 要求即時回應：尤其在緊急情況下，媒體有權請求即時回答問題。
4. 驗證事實：有權要求書面事實證明或相關圖文資料佐證。
5. 更正錯誤資訊：當報導出現問題時，記者有權請求受訪者即時提供修正資訊。
6. 自由撰寫角度：記者可以針對報導的角度，挑選核心內容進行整理，但不能偏離事實。

接受採訪前，受訪者應主動掌握一些事項，包括確定採訪地點與環境，詢問採訪主題和大綱，避免因準備不足而被動應對。若是問題超出自身專業範疇，可以與記者協調回答的範圍，甚至選擇不答。

　　倘若記者的問題讓受訪者感到不舒服，受訪者有權禮貌地結束採訪。這些都是受訪者正當的權利，卻常常因為受訪時不夠自信或不好意思表達而被忽略，最終將主控權拱手讓人，甚至被媒體帶著走。

　　另一方面，記者身為採訪者，有權根據自己的理解進行「去蕪存菁」，挑選最具價值的部分進行報導。儘管這可能在受訪者眼中被誤解為「斷章取義」，但這其實只是立場不同導致的解讀差異。

　　然而，與媒體建立良好關係不等於委曲求全。公關人員應該協助企業在受訪時堅守立場，爭取符合企業利益的報導內容。同樣地，記者在採訪過程中也有其專業需求和責任，例如，核實消息來源，確保資訊準確性，並以自己的專業判斷整理報導內容。

言之有物的說話技巧：訊息房屋架構

對外溝通或接受採訪時，準備好架構清晰的主要訊息，就如同蓋一棟穩固的房子，有屋頂、有梁柱和地基。「訊息房屋架構」這不僅適用於接受媒體採訪，也同樣適用於簡報、寫郵件或參與重要談判時使用。

訊息房屋（Message House）是一種簡單但有效的溝通架構，包含以下三個層次：

- ◆ 屋頂：標題或主題

  明確的結論或核心訊息，幫助受眾快速掌握主旨。

- ◆ 梁柱：支持點

  提出三個有力的支持點，並提供證據或理由來強化主題。

- ◆ 地基：重申結論

  結束時再次強調主題，讓訊息有頭有尾，扎實完整。

為什麼透過「訊息房屋架構」傳遞主要訊息如此重要？根據研究，人類在接收訊息一天後，會遺忘三分之二的內

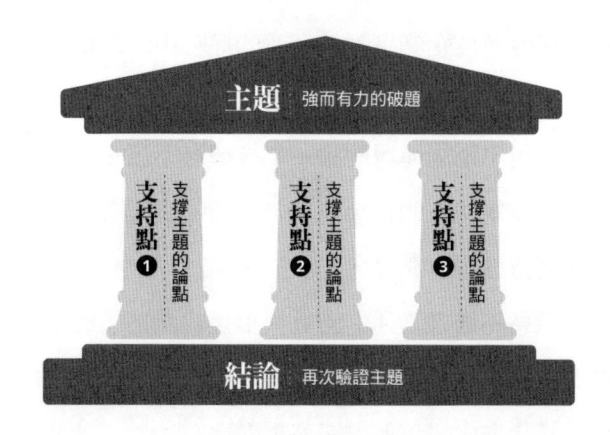

訊息房屋架構，一個標題、三個支點清楚傳遞訊息

第七章・與媒體互動的藝術

容；一個月後，更會遺忘百分之九十八。如果發言沒有清晰的主要訊息，聽眾的注意力容易渙散，甚至可能產生誤解。訊息房屋架構能幫助我們聚焦內容，避免天馬行空或脫離主題，確保訊息清楚明確，讓聽眾記住核心要點。

在我輔導多位企業主對外發言的經驗中，即使是經驗豐富的企業主或領導者，在毫無準備的情況下，面對記者追問也可能脫口說出不想傳遞的話，事後懊悔不已。預先準備好的主要訊息能幫助我們在壓力下仍然清晰表達想法，避免因即興發揮而傳遞錯誤訊息。

主要訊息不僅是溝通的工具，更是保護自己與組織的盾牌。當面對敏感話題或突發狀況時，清晰的訊息架構能幫助我們掌控談話方向，不偏離策略重點。

無論是在新聞稿、演講、採訪，還是日常對話溝通中，訊息房屋架構都能幫助我們傳遞清晰的主旨，並減少誤解與失誤。像蓋房子一樣，有穩固的架構才能抵擋風雨。透過準備充分的主要訊息，我們能在任何場合下，自信地保護自己的聲譽與組織形象，同時有效達成溝通目標。

案例解析：如何透過「訊息房屋架構」準備受訪內容

多年前，我接受了一次報紙媒體的專訪，題目是「名人談理財」。理財並非我的專業，其實應該拒絕，但記者表示另一位受訪者臨時爽約，版面可能開天窗，希望我能幫忙。於是，我答應了這次並不熟悉的主題採訪。

既然答應了，就必須認真準備，不能將採訪當成閒聊。若缺乏重點與價值，不僅浪費記者的時間，也辜負了讀者的期待。因此，我採用「訊息房屋架構」來準備，確保內容清晰有條理。以下是我準備受訪內容的三個層次：

◆ **屋頂：確立主題**

訪談的第一題是我的理財哲學。為了簡單明瞭，我歸納出「守中求穩，穩中求進」八個字，成為整篇文章的主軸，也是我希望被採用的標題。像這種簡潔有力的主題不僅方便記者理解，也能吸引讀者。

> 善用標題語言，不僅能清晰傳遞主要訊息，還能塑造鮮明形象。

◆ 梁柱：支持點

為了支撐「守中求穩，穩中求進」的主題，我準備了三個具體的支持點（梁柱），分別是：

支持點1：房地產。因工作忙碌，我偏好穩定的長期投資，房地產不僅保值，還不需要過多的日常管理。

支持點2：債券或債券型基金。這類產品具有穩定的固定配息特性，同樣適合長期持有。

支持點3：投資型保單。這種產品既有保險功能，又兼具一點投資效益，適合作為餘錢的配置。

◆ 地基：重申結論

我再次強調自己是保守型的理財者，主要偏好穩健的不動產和債券，其次才是儲蓄型的投資標的。我完全迴避高風險商品，如股票或衍生性投資工具，並以「守中求穩，穩中求進」八字結尾，使整體架構有頭有尾、清晰完整。

這樣的架構，幫助我將所有談話內容聚焦於主題，避免天馬行空或脫稿演出。不僅受訪內容更有邏輯，也讓記者容

易抓住重點,減少誤解或斷章取義的可能。

在訪談中,有些人天生擅長將理念濃縮成精簡有力的「金句」,這些金句往往成為媒體報導的標題。相比之下,若講者長篇大論、缺乏重點,記者可能難以取材,甚至可能用片段敘述來補足篇幅,這反而增加了被誤解的風險。

這次經驗讓我深刻體會,架構主要訊息的重要性。當發言內容有清晰的主軸與支持點時,不僅能讓受眾迅速掌握核心概念,也能降低溝通中的風險。在需要對外發言的場合,訊息房屋架構都能幫助我們鎖定主題,自信應對,並有效傳達觀點。

設計標題語言,開口就是金句

在接受採訪或公開發言時,懂得設計「標題語言」是一項重要技巧。簡單來說,標題語言就是在回答問題時,用精煉的語句總結你的核心觀點,讓它具備成為標題的潛力。這不僅能幫助你有效傳遞主要訊息,也能掌控報導的方向。

標題語言是一種能引起注意、便於記者引用的發言方式。例如成語、簡短金句，容易記住且富有畫面感，或是比喻與創意表達，增加語言的吸引力與感染力。

在接受媒體採訪時，你可以提前設計這類金句，並適時帶入談話。例如之前我的例子：「守中求穩，穩中求進」這八字箴言，既是我理財哲學的總結，也是我希望記者採用的標題。

另外像小米科技創辦人雷軍的代表性金句：「站在風口上，豬都會飛！」，生動詮釋了抓住趨勢的重要性。這些金句不僅吸引眼球，還能讓訊息深入人心、充滿記憶點，甚至在網路上廣泛流傳。

記者寫稿的方式通常是先設計標題，再用受訪者的語言填補框架。如果你的回答正好補充了記者所需的素材，不僅提升了報導品質，也讓你的觀點更具存在感。前提是你需要理解記者的需求與報導方向，並用標題語言提供清晰而有力的主題。

善用標題語言，不僅能幫助你在採訪中清晰傳遞主要訊息，還能塑造鮮明形象，甚至主導媒體報導的方向。這種技

巧不僅適用於媒體採訪，也可以延伸至職場簡報、商業書信等溝通場景。只要經過練習與實踐，你也能讓自己的話語具備吸引力，成為眾人注目的焦點。

關鍵時刻，千萬不要即興演出

在企業對外溝通中，CEO說什麼、怎麼說，直接影響企業形象與聲譽。這是一門技巧與藝術，但許多台灣企業家因為低調，不願意對外發言，容易導致關鍵時刻無法掌控話語權。

當企業規模較小時，這種低調並不會影響發展，但隨著規模壯大，投資人關係變得複雜，甚至準備上市、招募人才或進行國際併購時，才會驚覺知名度不足，可能阻礙市場拓展。而這時才想建立媒體關係，往往已經為時已晚。

平時就該與媒體建立互動，了解記者需求，提供有價值的資訊，但這並不意味著要刻意討好媒體。對媒體發言需事先練習，平時做好準備，才能在需要時表達得體、有力。

有時，客戶會抱怨被媒體扭曲報導，但深入了解後發現，這些內容其實是客戶自己的陳述，甚至還透露了更多細節。還有些受訪者回答過於隨興，讓記者自行拼湊，最終造成誤解。這就是為什麼我常說，受訪者若不先整理好資訊，等於把話語權交給記者。

　　記者並不是你的員工，沒有義務完全按你的意思寫新聞。如果你的發言缺乏邏輯與說服力，記者為了吸引讀者，可能會以自己的角度撰寫內容，這是他們的職責。若覺得報導內容偏離本意，不一定是記者的問題，更有可能是你沒說清楚。

　　有些記者可能會加以演繹，讓新聞更具吸引力，甚至有些會刻意引導受訪者說錯話，這雖然令人不快，但也反映出媒體需要「獨家」或「爆點」的職業需求。

　　要避免說錯話，必須學會架構主要訊息，確保自己表達清晰。許多企業家過於自信，認為對外發言就像日常對員工或客戶溝通般簡單，不需準備。這種態度往往導致隨興發言，影響企業形象。

　　每次接受媒體採訪都要充分準備。**無論是什麼場合，完**

美的表現背後必定經過無數次練習。像我曾受邀在 TEDx 上演講，短短十八分鐘，我準備了兩個月，反覆調整內容和練習演說技巧，才敢站上舞台。

另外還有個小提醒，在網路和影音媒體盛行的時代，表情管理也很重要。採訪拍攝時，不僅記錄你的話，更捕捉你的表情、聲音和肢體動作。未經準備的受訪者，往往在看到回放後自嘆失態。

應對的方法是事先準備。要求記者提供採訪大綱，根據大綱準備答案，確保邏輯清晰、重點突出。若你不事先構思，等於將主導權交給記者，自己反而處於被動地位。

如果真的遭遇惡意報導，應先嘗試與媒體溝通，溝通無效再考慮法律途徑。但我相信，大多數情況下，真誠的交流能解決大部分的問題。

無論什麼情況，每位受訪者都應清楚自己的話語權，並為自己的發言負責。只要事先準備充分，媒體報導就不會偏離你的本意。

第八章

塑造內外一致
的企業文化

當員工願意把自己融入在企業文化中，
企業自然就能散發出獨特的魅力。
文化不是表面的裝飾，而是靈魂，
擁有清晰的價值觀，以及能夠落實的企業文化，
才能真正帶領公司邁向基業長青的道路。

企業文化是品牌的內在驅動力,決定了品牌的方向和基調,而公關負責將企業的價值觀和形象傳遞給受眾。只有內外一致,才能建立長期的信任,讓企業形象深入人心。

成功的公關必須建立企業內部文化與外部傳播的一致性。 而員工正是企業文化的內部代言人,他們的言行會直接影響外部對企業的印象。例如,員工在社群媒體上的正向發聲,會增強企業形象的真實性。當公關成功傳遞企業文化後,會反過來影響內部員工的認同感和自豪感,形成一種正向的良性循環。

許多人認為,公關的工作主要是對外維繫媒體關係、經營CEO形象、管理危機,或推動整合行銷。但真正全面的公關角色,還包括那些不易被外界察覺的內部溝通、員工關係管理、企業文化建設與社會責任實踐。公關的真正價值,在於對內凝聚員工共識,對外統一企業形象與訊息,構建出完整的傳播體系。

攘外先安內，別忽略內部溝通

攘外必先安內，這句話適用於每個企業。許多公司過於專注對外溝通，卻忽略了內部員工的感受與認同，員工若不了解公司的理念與價值觀，就難以真正投入，甚至可能因疏離感而對公司政策和方向心生疑慮。更嚴重的是，這種忽視可能直接削弱企業的競爭力，部門間的溝通不暢，導致管理上的多頭馬車現象，最終損害企業整體效能。

過去的經驗告訴我們，許多企業危機的源頭，正是內部溝通的失敗。一些內部醜聞或不滿情緒，經由員工傳播而大白於天下，企業在事後疲於滅火，不僅付出高昂代價，還損害了形象與信譽。與其事後補救，不如從一開始就重視內部溝通，將員工視為真正的利益關係人，通過良好的溝通與關係管理，減少危機發生的可能。

> 只有內外一致，才能建立長期的信任，讓企業形象深入人心。

從快樂員工到滿意客戶

　　內部溝通的價值不僅僅在於降低風險，它還是企業實現正向循環的重要推動力。員工若感到被重視，便會對公司產生認同，進而更加努力地投入工作。這些快樂的員工，會帶來更滿意的客戶，而有了滿意的客戶則能提升業績，形成企業競爭力的正向循環。這樣的良性運作，讓企業不僅能在短期內取得成果，長期下來更能鞏固基業長青的基石。

　　美國前兩百大企業組成的商會在2019年發布了一份聲明，首次將員工權益置於股東權益之前。這一變革顯示，企業已開始反思過去「賺錢至上」的經營理念。他們意識到唯有優先投資員工，才能為消費者創造更大價值，並形成員工、股東與消費者三贏的局面。這是一個里程碑，象徵企業開始以更人性化的方式重新定義自身的經營哲學。

　　許多人認為，員工關係屬於人力資源部門的範疇，與公關無關。但事實上，這兩者之間可以相輔相成。人力資源專注於員工的職涯發展、教育訓練與生涯規劃，而公關則負責傳遞企業理念與價值觀，統一內外溝通的語調。

公關的專業訓練，能幫助企業更有效地傳達願景與文化，促進員工對企業方向的理解與支持。例如，許多企業舉辦的「員工日／家庭日」，不僅是一場活動，更是增強員工及其家庭對企業認同感的重要手段。這種認同感，會進一步轉化為對企業的忠誠與貢獻。

　　我曾協助一間上市公司策劃內部溝通活動，這家公司當時正進行重大改革，外界對其前景普遍看好，股價也屢創新高。然而，內部員工的反應卻出乎意料的冷淡，許多人甚至是從媒體報導中才得知公司的政策與方向。這種缺乏溝通的狀況，導致員工對改革產生疑慮，進一步影響了企業內部的氛圍。

　　我們通過內部調查發現，百分之七十的員工對公司的未來戰略完全不了解，甚至感到自己是局外人。為了扭轉這種情況，我們設計了一系列溝通活動。首先，CEO向全體員工發送了一封親筆信，闡述公司的未來方向，並邀請員工提出意見。高層主管則親自回覆每一位員工的回饋，強化雙向溝通。

　　同時，我們舉辦了一場跨集團員工日活動，除了播放由

員工製作的公司願景影片，展示轉型的目標與策略，也讓CEO介紹各關係企業的重要主管，並親自頒獎表揚資深員工。最後放映了由員工票選出的電影，該電影講述了團隊合作的重要性，呼應了公司希望傳遞的精神。

活動結束後，我們再次進行調查，結果顯示員工對公司的滿意度提升至百分之九十，改革策略也獲得了廣泛支持。後來這樣的「跨集團員工日」也成為每年常態活動，變成企業文化的一部分。透過內部溝通計劃，不僅有效傳達公司願景、凝聚員工向心力，也讓該企業的業績年年創新高，成為年輕人都想進入的企業之一。

這次經驗證明，良好的內部溝通不僅能解決當下問題，更能為企業的長遠發展提供強大動力。

總而言之，**內部溝通是企業永續發展的關鍵，也是公關工作中不可忽視的一環**。只有內外兼顧，才能讓企業在競爭中保持優勢，實現持續領先的願景。

凝聚員工，從核心價值做起

在第六章，我曾用 Patagonia 當作案例，說明企業如何「以議題為核心」連結利益關係人，接著我一樣用這個品牌舉例，說明 Patagonia 全球一致的價值觀，如何落實在企業文化。

一直以來 Patagonia 將環境保護放在企業使命的中心，這不僅影響了產品設計和商業模式，也塑造了公司內部的文化。員工不僅是一份工作內容的執行者，更是品牌價值觀的實踐者和代言人。

Patagonia 鼓勵員工參與環保行動、戶外運動，他們認為與大自然連結，是實現公司使命的一部分，甚至 Patagonia 也提供帶薪休假，讓員工投身於自己認可的環境保護計劃。例如，參加清理海灘或保護自然棲息地的活動，這不僅激勵員工更加投入，也強化了他們對品牌使命的認同。

> 員工若感到被重視，便會對公司產生認同，進而更加努力地投入工作。

在人才招募上，Patagonia會優先選擇認同公司使命的求職者，並在培訓中強調環境保護與社會責任的重要性，確保每位員工在工作中能自發性地實踐品牌的核心價值。同時，位於加州的公司總部設有托兒所，讓員工可以就近為孩子安排學習機構，讓職業父母可以更安心投入工作。這種以人的需求為導向的文化，讓員工感受到被尊重與支持。

Patagonia以「環境保護」為核心的企業使命，不僅為員工提供了工作意義，也讓他們成為品牌的最佳代言人。在門市，員工主動向顧客講述品牌如何使用再生材料製作產品。員工通過個人的自媒體分享參與環保行動的經歷，進一步傳遞品牌的價值觀。

這種從內到外的價值傳遞，使顧客不僅購買產品，還成為品牌使命的支持者，與品牌建立更深層次的情感聯結。

Patagonia的企業文化是內外一致的典範。他們內部的價值觀通過員工傳遞到顧客和更廣泛的社會中，最終形成了一個有影響力的品牌生態系統。這種內外一致的運作模式不僅讓員工感受到工作意義，也讓顧客成為品牌的忠實支持者，並激勵其他企業向其學習。

Patagonia的案例表明，當企業將正面價值觀融入運營並傳遞給員工時，員工會成為品牌理念的最佳代言人，進一步鞏固品牌的市場地位與影響力。這種價值驅動的企業文化，不僅讓員工與品牌緊密相連，也在顧客與社會中創造了深遠的影響。Patagonia的成功，為企業如何通過文化建設，實現長遠發展提供了寶貴的啟示。

好的企業文化，把人才黏緊緊

　　每家企業都有自己的文化，但什麼樣的文化才能讓員工心甘情願地留下來？每次在演講中提到企業文化時，CEO或高階主管的眼神總是特別亮，他們希望通過一個好的企業文化，凝聚員工向心力，甚至提升公司競爭力。與此同時，現今的年輕人也越來越關注企業文化是否符合自己的價值觀，並希望加入和自己理念契合的地方工作。

　　企業文化簡單來說，就是公司的價值體系，是全體員工共同遵守的信仰、行為準則以及工作哲學。它不僅影響員工

的行為和意識形態,還有助於吸引那些志同道合的人才加入,一起為共同目標努力。而在塑造這樣的文化中,公關其實可以扮演非常重要的角色。

大多數企業文化的雛形,都來自創辦人或老闆的理念和價值觀。老闆說什麼、做什麼,往往會在無形中影響整個公司的運作方式。可以說,企業文化就像一個人的靈魂,有了靈魂,才能賦予生命與價值。當這樣的文化延伸到品牌,就會成為品牌的核心精神,也就是我們常說的品牌DNA。這個DNA不僅決定品牌的發展方向,也影響消費者如何看待企業。

因此,當公關在建立企業文化時,首先要做的是釐清創辦人的理念和價值觀,並確保這些理念能真正落地。只有全公司上下都依循同樣的價值觀行事時,才能形成穩固的文化體系。

一個成功的企業文化,需要哪些要素才能穩固扎根?可以從以下五個方向切入:

1. 釐清並定義企業理念和價值主張

企業文化的基石在於清楚的理念與價值觀。例

如，蘋果創辦人賈伯斯的「不同凡想」(Think Different)，讓整個公司以創新為核心，推出一次次改變世界的產品；亞馬遜CEO貝佐斯則強調「聚焦客戶」，這讓亞馬遜成為一家無所不賣的全球化電商；而信義房屋以「信任」為品牌精神，奠定了它在台灣房地產市場的領導地位。這些領導者的清晰理念，為企業注入靈魂，也形塑了讓人印象深刻的企業文化。

2. 將價值觀化為具體行為準則

價值觀只有在具體行動中落實，才能被執行，並成為員工日常行動的參考。像我前面提及 Patagonia 鼓勵員工參與環保行動，甚至提供帶薪休假，讓員工投身於自己認可的環境保護計劃，便是讓價值觀化為具體行動的最佳案例。

> 企業文化就像一個人的靈魂，有了靈魂，才能賦予生命與價值。

3. 領導人以身作則

如果老闆自己都做不到，員工怎麼可能相信呢？領導者以身作則，能為企業文化注入更多的說服力。例如，一家健身房的老闆，自己如果都不運動，如何鼓勵員工和顧客去熱愛健身？同樣的，企業領導者必須在大小事上體現企業的核心價值，才能讓員工真正信服。

4. 蒐集案例，建立溝通體系

文化需要透過具體的故事來傳遞和鞏固。例如，員工在工作中如何解決問題，或是如何因為企業價值觀的指引，做出感動人心的決定，這些都可以成為內部與外部溝通的重要素材。透過不斷講述這些故事，文化會逐漸扎根，並成為企業的標誌。

5. 在利益衝突中檢驗價值觀

企業文化的真實力，在於發生利益衝突時，能否堅守核心價值。例如，一家以「誠信」為核心價值的公司，在產品出現瑕疵時，是否能選擇第一時間據實以告？這樣的情境不僅是對文化的檢驗，也是對

員工和市場的宣告：這家公司是否真心遵循它所倡導的價值觀。

好的企業文化，就像一條無形的紐帶，把員工和企業緊緊綁在一起。它不僅吸引那些認同公司價值的人才，還能讓每一位員工找到工作的意義與歸屬感。而當員工願意把自己融入這樣的文化中，企業自然就能散發出獨特的魅力，吸引顧客、投資者，甚至成為同行效仿的對象。

所以，無論是CEO、高階主管，還是正在找工作的年輕人都該明白，文化不是表面的裝飾，而是企業的靈魂。只有擁有清晰價值觀並能落實的企業文化，才能真正帶領公司邁向永續經營的道路。

案例解析：
透過辦公室設計重塑企業文化，讓應徵者多十倍

我曾參訪一家位於日本的中小型食品代理商，這家公司透過辦公室設計，成功凝聚員工的向心力，甚至吸引媒體報導，成為一個令人驚豔的案例。

這家企業的老闆有一個雄心勃勃的願景，希望將公司打造為跨國企業。然而，單靠口頭描述未來藍圖，員工並未產生共鳴，也無法真切感受到公司的方向與目標。他向品牌顧問尋求建議，顧問建議他從辦公室環境下手，將公司「國際化」的理念融入設計中，讓員工在每天的工作環境中切身體會到企業的價值與目標。

　　當我踏入這家公司時，眼前的景象令人耳目一新。一條模擬飛機跑道的地板延伸開來，跑道上寫著醒目的「Welcome」。辦公室牆面被設計成飛機機身的樣貌，開放式空間採光充足，讓整個環境顯得格外明亮。牆上掛滿了不同時區的時鐘，展現企業的國際化目標，甚至還有一個「出境表」，上面列滿了象徵公司各項專案「起飛」的航班資訊。

　　以機場「出境」的場景為設計元素，將機場氛圍與公司「國際化」的願景緊密結合，營造出一種既專注又充滿動力的工作環境。員工每天走進辦公室，不僅僅是在工作，更像是在參與一場全球冒險，感受到自己是企業未來發展的重要一環。

　　辦公室改造原本只是一項看似平常的舉措，但當創辦人

將公司的核心理念融入其中,效果遠超預期。新的辦公室設計不僅提升了員工的工作滿意度,還帶來了以下兩個顯著的成果。

1. 吸引年輕人才加入:該企業座落在非都會地區,過去因為地理位置,難以招募年輕人加入。新辦公室設計吸引了媒體的關注與報導,透過廣泛的傳播,讓更多年輕人認識到這是一家有遠大理念的企業。現在應徵人數比之前增加了十倍,這樣的結果尤為可貴。
2. 建立積極的企業口碑:員工因為認同公司的理念,變得更加主動和投入,甚至自發地向外界分享公司的故事與環境,讓企業的好口碑快速傳開。隨著企業文化逐步落實,公司的業務也開始穩步上升。

> 領導者以身作則,能為企業文化注入更多的說服力。

這位老闆事後坦言,他起初只是想透過具象化的手段,讓員工理解公司的國際化目標,原本並未預期改造辦公室能帶來如此深遠的影響,沒想到這一改變竟讓企業文化在不知不覺中向下扎根了。

辦公室設計,從來都不只是裝潢,而是藉由空間設計讓企業理念更加具象化與象徵化。

這個案例讓我深刻感受到,企業文化雖然是無形的理念和價值觀的落實,但在有形的呈現上,可以通過小改變,讓員工親身感受到企業的價值與願景,從而形成一種不可替代的內部凝聚力,值得所有企業借鏡。

理念要落地,別說一套,做一套

假設有一家公司以「誠信、公平」為核心價值,但員工卻發現老闆在得知副總收賄後,選擇視而不見。這種「說一套,做一套」的行為,會讓員工對老闆徹底失去信任,也讓這個看似高大上的價值觀成了笑話。

企業成長到一定規模後,管理難度必然上升。當員工越來越多,如果沒有清晰的企業文化,團隊就會失去凝聚力,工作也變得漫無目的。「為什麼而戰」成了一個無解的問題,進而影響士氣與效率。這時候,公關的角色顯得尤為重要,透過挖掘品牌理念,設計溝通策略,並佐以具體的案例和故事,能幫助企業對內凝聚共識,對外統一訊息,讓文化成為一種無形的經營武器。

文化的塑造不可能一蹴而就,而是通過日常的細節逐漸累積。以我在奧美的經歷為例,當時亞太區公關總裁每週一都會寫一封信給全體員工。他會在信中分享上一週各地團隊的優秀表現,並談論自己從中學到的心得與啟發。

這些案例分享,看似簡單,但卻讓員工慢慢理解公司真正重視的理念與價值觀。久而久之,大家在做決策時,會不自覺地參考這些行為準則,形成一種默契和認同感,進而凝聚成強大的團隊力量。

創業後,我特別重視「傳承」的力量。在創立的公司裡,我設立了學長姐制度,新進員工會由學長姐帶領熟悉工作流程,適應企業文化。除此之外,每月我們還會舉辦基層

員工培訓,要求經理級以上的主管擔任講師,分享他們的專業經驗。這樣的安排不僅提升了中階主管的表達能力,還讓他們對傳承責任產生榮譽感。

另外,組織內還有非正式的案例分享聚會,每月由不同小組輪流分享成功與失敗的經驗,特別是失敗案例,可以提醒大家避免重蹈覆轍,奠定未來成功的基礎。透過這種形式,組織逐漸形成了一種「學習型文化」,員工在不斷成長的過程中,也成就了企業的持續進步。

有了這樣的文化,員工不再藏私,反而樂於分享。因為他們明白,教會下屬不僅是幫助團隊,也是提升自己的最佳方式。從經營企業的過程當中學習到,當文化深深扎根於每位員工心中,領導者便能輕鬆地做管理,因為員工認同之後,會自動自發的將這種力量傳遞下去。

理念與價值觀是一種承諾,一旦企業背棄它們,危機便會隨之而來。曾有一家台灣的網路服裝品牌,主打「扶植台灣紡織業」和「純台灣製造」,吸引了大批認同其理念的消費者。然而,隨著訂單暴增,他們將部分生產線轉移到東南亞和中國,導致品牌初衷受到質疑,粉絲迅速流失,訂單銳

減,品牌聲譽一落千丈。後來,公司花了很長時間調整改進,才慢慢重建消費者的信任。

這樣的教訓告訴我們,品牌口號不僅要喊得響,更要落實。消費者不僅會因為理念追隨品牌,也會因為理念的背棄而果斷離開。

老闆說什麼、做什麼,無形中決定了公司的文化。如果理念只是停留在口號,員工和顧客最終會看穿那層表面。**企業文化只有真正落地,變成每位員工日常行為的一部分,才能成為企業最強大的競爭力。**

品牌如此,做人亦然。誠信、正直,這些看似普通的價值觀,正是塑造文化靈魂的根本。只有身體力行,才能贏得信任,也才能讓文化長久地流傳下去。

> ❝ 誠信、正直,這些看似普通的價值觀,正是塑造文化靈魂的根本。❞

公關心內話

有快樂有淚水，才是真實的公關人生

許多人好奇，公關的日子到底是怎麼過的？為什麼這個行業總是加班到沒日沒夜，還被譏笑是「爆肝行業」，卻仍吸引大批年輕人前仆後繼地加入？答案或許藏在這份工作的成就感和意義中。

對於現在的年輕人來說，工作不再僅僅是賺錢的工具。薪水固然重要，但能在工作中學到東西、激發熱情、開闊眼界，這才是長期留下的理由。

公關工作是一個充滿挑戰、快速學習、持續成長的行業。對那些喜歡突破自我、不怕吃苦的年輕人來說，這份工作絕對不會讓他們感到無聊。

公關公司的確忙碌，壓力也很大，但只要熬過作為專案執行（AE）的前三年，隨著經驗和能力的提升，後續的回

報會成倍增長。特別是這個行業裡的資深人才稀缺，只要保持專業與價值，你的市場競爭力會隨時間不斷提升。

公關人生的不同選擇

每個人踏入公關業的初衷不同。有些人在進入公關公司後，發現與想像中的差距太大，選擇跳槽到企業端；也有些人是有計劃地進入公關公司，視這裡為歷練的起點，進而更順利地進入心儀的企業工作。

公關公司經常被比喻為職業訓練所。企業（甲方）喜歡從公關公司（乙方）挖角，因為這樣的員工不僅經驗豐富，還能為公司省下大量的培訓成本。這對公關公司的老闆或主管來說，或許有些挫折，但只要轉念想，這也是在幫社會培養人才，就是好的價值。只要仍然身處公關領域，無論在哪一端，我們的目標都是為品牌貢獻力量。

在企業與在公關公司的工作環境不同，DNA也各有特點。喜歡穩定的人多數會選擇在企業內部工作，享受大企業的資源；而那些喜歡挑戰、追求變化與團隊合作的人，則更適合留在公關公司。他們樂於苦中作樂，享受那種「伸展式

成長」的過程,就像拉筋時的痠痛,雖然不適,但看著自己越來越靈活,內心也會充滿成就感。

見證歷史的迷人之處

對許多公關人來說,公關工作最大的魅力來自於參與跨時代的事件。作為公關,我們經常站在歷史的最前線,成為時代浪潮的見證者。

我的前同事王馥蓓,現任電通集團永續顧問長,在他的公關生涯中經歷了台北 101 大樓的落成與開幕;參與了台灣高鐵啟用典禮的籌劃;並協助推動台灣彩券的發行,見證了全民買彩券的瘋狂,同時擔任政府與消費者之間的重要橋梁。現在的他轉型成為 ESG 領域的事業合夥人,可見公關這個專業,具備高度的延展性與跨領域發展的可能。

另一位前同事俞竹平,現任奧美中國公關與影響力總裁,他曾經陪同世界級 CEO 搭乘私人飛機,與國外的政商名流會面,並向企業董事會報告公關計劃。這樣的經歷,讓他的人生比一般人多了幾分傳奇色彩。

至於我,曾接待過微軟創辦人比爾蓋茲(Bill Gates)、

Cisco前董事長約翰錢伯斯（John Chambers）、雅虎創辦人楊致遠、台積電前董事長張忠謀，以及至今仍在浪頭上的NVIDIA創辦人黃仁勳等科技巨頭。在我的公關旅程中，能有機會與這些領袖互動交流，不僅帶給我豐富精采的人生閱歷，也深刻感受到這些領袖們的睿智與氣度。

公關的經歷讓我的人生多采多姿，也讓我學會了許多寶貴的能力和心理素質。不自我設限，也不輕易被困難擊倒，這些心法讓我在職場上更勇於面對挑戰，也讓我的人生更加豐富。

站在巨人的肩膀上看世界，與最優秀的人並肩工作，這是公關行業的魅力所在。這份工作雖然有快樂，也有淚水，但正是這些起伏，讓公關人生充滿了真實的力量與意義。

第九章

企業與個人必修的危機管理課

危機處理不是要比誰錯得少，
而是誰更快、更真誠地面對問題。
我們無法避免危機的發生，
但可以訓練自己學會面對和管理，
將損失降到最低，甚至化危機為轉機。

股神巴菲特曾說過：「建立聲譽需要二十年，但毀掉它只需要幾分鐘。」這句話點出企業聲譽的脆弱性。當危機降臨時，如果應對不當，企業多年的努力可能毀於一旦，甚至無法挽回。

危機總是突如其來，毫無預警。尤其在自媒體當道的時代，資訊流通迅速，每個人都有發聲的管道，品牌和個人稍有不慎便可能成為攻擊目標。**我們無法避免危機的發生，但可以訓練自己學會面對和管理，將損失降到最低，甚至化危機為轉機。**

危機管理的黃金法則：溝通與行動並行

有次我協助一家遊學機構處理一場突如其來的公關危機。他們在暑期舉辦的國外遊學營中，有家長因孩子抱怨住宿條件差，將幾張拍攝於寄宿家庭的照片發給記者，引發媒體報導。大篇幅頭版隨即刊登一張學生坐在地板上的照片，配上負面標題，在社群媒體上火速發酵，大批網友紛紛到遊

學機構的粉絲專頁留下負評，讓品牌聲譽瞬間滑落。

當事人措手不及，但輿論已經排山倒海而來。當時，我建議客戶，溝通與行動必須同步進行，我們在第一時間表明態度，在自家粉絲專頁發布聲明稿，表達公司對事件的重視和調查的誠意，絕不能讓出話語權。

表明態度後，接著就要迅速釐清事實。我們發現這是單一事件，因為寄宿家庭延誤整理房間，才讓學生暫時睡在客廳的氣墊床，雖然情況單純，但家長的不滿被媒體放大，形成了輿論危機。

調查的同時，我們也協助客戶與家長積極溝通，並將惡意攻擊的訊息交由律師處理。對於網路上的批評，採取溫和姿態、理性回應，贏得中立網友的支持。

隨著調查推進、釐清事情原委，加上取得另一組學生「乾淨舒適、設施完善」的寄宿家庭照片，輿論才漸漸朝向有利於客戶的方向。一些原本批評的網友開始幫助澄清，媒體也失去興趣。最終，投訴家長選擇坐下來與遊學機構談和解，此事才宣告平息。

總之，在這件事上客戶做對了幾件事：首先，第一時間

公開聲明，在公司自有媒體上發表立場，表達對問題的重視與承擔責任的態度，絕不讓出話語權；接著，迅速調查與澄清，確認真相後，以圖片和簡單明瞭的文字向公眾展示事實，避免謠言持續擴散；再者，理性應對網路批評，對於惡意攻擊，留存證據並交由律師處理，並與其他網友保持理性互動，贏得支持。

現代消費者多元且意見分歧，企業難免會遇到不理性的客戶，當面對這樣的挑戰，倘若企業是被誤解且站得住腳的，以下三點是危機管理的基本態度提供參考：

- **不失高度，快速回應**：面對指控或批評，企業需第一時間澄清事實，避免謠言蔓延。將聲明置頂於社群媒體，確保公開透明。
- **堅持正確做法，贏回支持**：網路論戰往往偏向消費者，但當批評過度或不實時，也會有網友為真相發聲。企業只需以理性、負責的態度，堅守正確的立場與一致的應對原則，風向總會改變。
- **同步行動與溝通**：危機處理時，行動與溝通不可分離。若行動完成再溝通，可能已錯失時機，議題熱

度也隨之下降;若只溝通卻無實際行動,則容易被指責敷衍。

處理危機的黃金法則是溝通和行動並行。一方面,對外必須清楚說明,讓外界了解公司正在積極處理;另一方面,內部需要即時採取行動,解決問題。如果這兩者脫節,不溝通會引發更多誤解,行動完再溝通則可能錯過最佳時機,讓事態失控。

結果顯示,當輿論從批評逐漸轉向支持時,危機便自然冷卻,企業的形象也能逐步回穩。

> ❝ 以理性、負責的態度面對網路論戰,堅守正確的立場與一致的應對原則,風向總會改變。❞

處理危機的三個主要溝通訊息

當企業面臨危機,不管是產品出問題、消費者投訴,還是經營上的重大失誤,我們在第一時間該怎麼做呢?很多企業主的直覺反應是:「先釐清到底是不是我們的錯!」

但實務上,我們要非常清楚一件事——**無論對或錯,都必須在第一時間表達立場**。這不是承認自己錯,而是為了搶占溝通的主導權,也讓社會大眾知道,你有在積極面對這件事情。

那麼,第一時間到底要說些什麼?一般來說,危機處理時對外溝通的訊息,有以下三個核心訊息要素。

◆ **第一個訊息:我現在知道發生了什麼事**

在危機初期,大家最想知道的是:「你有沒有意識到出問題了?」所以第一個訊息是,必須清楚告訴大家:「我們知道發生了什麼問題。」

即使真相還在調查中,也要誠實地告知:「目前已知的狀況是⋯⋯」或者「我們已經注意到⋯⋯,正在

積極了解原因。」這一步的重點，不是說清楚所有細節，而是展現出你有責任感、有掌握情勢，不是在裝死、不是在拖延。

如果企業反應遲鈍，讓大家覺得你「無感」，那麼情緒就可能會不斷升高，演變成更大的危機。

◆ **第二個訊息：我正在做什麼處理**

當社會大眾知道你已經意識到問題後，他們下一個問題是：「那你現在打算怎麼做？」所以第二個訊息，必須清楚交代：「我們目前已經啟動了哪些行動。」

比如，已經組成專案調查小組、暫停問題產品的銷售、主動聯絡受害者、加強相關措施等。

這個階段，行動比口號更重要。光說「我們很重視」是遠遠不夠的，大眾要看到實際的行動，證明你正在認真面對問題。這也是為什麼有些企業，面對危機時會主動召開記者會、發布聲明，甚至現場說明已經做了哪些改善措施。要記住，行動才能說服

人，而不是情緒化的辯解。

◆ **第三個訊息：我未來要怎麼做，防止再發生**
最後，大眾最關心的問題是：「這件事會不會再來一次？」所以第三個訊息，就是要明確表達：「我們將來會做什麼，防止同樣的問題再次發生。」
這個階段要具體，不能只是說：「我們會更努力！」而是要講出制度上的改變，比如：強化品管流程、定期內部稽核、員工教育訓練、建立即時回報系統、引進第三方公正單位檢驗等。
只有讓大眾看到結構性的改變，他們才會相信你不是「頭痛醫頭、腳痛醫腳」，而是正在認真負責、從根本解決問題。

案例解析：海底撈「老鼠門事件」的危機處理

多年前中國海底撈的「老鼠門事件」，是我覺得做得非常到位的危機溝通案例，他們是如何在事件發生後，掌握三個核心訊息，降低傷害？

事情發生在2017年，媒體踢爆海底撈兩家分店的後廚出現了老鼠亂竄、洗碗水回收再利用等衛生問題，畫面被拍了下來，影片瘋傳，社群輿論瞬間炸鍋。這麼嚴重的食安問題，如果處理不好，品牌形象可能一夜崩塌，但海底撈的處理方式，卻成為危機公關教科書級的範例。

　　他們在第一時間做了什麼？

　　第一，他們馬上發布聲明，承認確實發生了衛生管理問題，並且主動向社會大眾致歉。對消費者來說，最重要的一點就是，他們知道發生了什麼事，不是否認，也不是推卸。

　　第二，聲明稿內文明確交代，他們已經針對涉事分店進行自我檢查，並且暫停營業、全面整頓。同時啟動了全國範圍內的後廚衛生大檢查。這就是告訴社會大眾：現在，我們正以積極的行動處理問題。

> 無論對錯，第一時間表達立場、搶占溝通主導權，向大眾展現積極面對問題的決心。

第三，他們承諾未來將設立「後廚透明化」措施，消費者可以通過手機APP隨時觀看後廚工作情況，並引入第三方衛生檢查機構。清楚地向大眾保證：未來我們會從制度上防止這種狀況再次發生。

一份聲明稿內，海底撈就把三個層次的訊息一次講清楚，而且行動快速、態度誠懇。即便當時輿論很激烈，但因為他們危機處理得當，最終不但保住了品牌，還因為誠信和負責的態度，意外加深了消費者的信任。

為什麼處理危機的三個主要溝通訊息這麼重要？

因為當危機發生時，社會情緒是緊繃的。大家的心理是：「我想知道你知不知道出問題了？你在做什麼處理？你能不能保證下次不要再出包？」

這三個問題，就是大眾最在乎的。如果企業可以在第一時間，把這三個訊息交代清楚，不推諉、不逃避、不找藉口，就可以大幅度降低輿論的敵意。

反之，如果第一時間迴避，裝沒事，或者發一些冷冰冰、文謅謅的聲明稿，只會讓社會大眾更加憤怒，事情一發不可收拾。

記得，**危機處理不是要比誰錯得少，而是誰更快、更真誠地面對問題**。這三個層次，簡單、有力、清楚，才能在風暴來襲時穩住局面，甚至把危機變成加深信任的契機。

危機管理三階段：預防、控制、修復

然而，許多企業僅重視「危機控制」，而忽略了前期的預防工作，導致在處理危機時亂象叢生，不僅損失品牌形象，也削弱了社會大眾對品牌的信心。關於危機管理，可分為三個階段：預防、控制和修復。

第一階段：危機預防

危機預防是品牌保護的第一道防線，需要細緻規劃與持續演練。如果你問我危機處理的這三個階段，哪個階段最重要？我的回答會是第一階段的危機預防。因為沒有預防的機制，危機發生時肯定雜亂無章，也容易兵荒馬亂而失誤；有了預防機制等於打了預防針，至少在第二階段的危機控制上

可以表現得宜,有機會化危機為轉機。

非常重要的「預防階段」,要做哪些事呢?以下幾點可以參考:

- ◆ **風險評估與模擬訓練**

    危機預防的核心在於事先識別可能的風險,了解企業自身最可能發生的危機是哪一個面向,例如:財務、工安、產品、品質或勞資。評估企業較弱的管理風險是什麼,並設想發生時的情境。除此之外也要時時了解消費者關注的價值觀,以及輿論方向,整合內外部資源,並進行風險評估與模擬演練。例如:每半年進行一次危機模擬,測試應對效率和團隊協作能力。

- ◆ **成立危機處理小組**

    這必須是一支專業且高效的隊伍,必須清楚界定成員角色。例如,由誰擔任發言人。

    發言人需具備高度的可信度、出色的溝通技巧,以及能讓人感同身受的特質。此外,建立危機處理手冊與合約資料庫,以確保在緊急時刻快速調用資源。

- ◆ **演練再演練**

    危機管理如同消防演習，平日的準備是關鍵。透過不斷演練，團隊才能在真正的危機中從容應對。所謂「好事不出門，壞事傳千里」，在資訊透明化的時代，品牌必須保持隨時應變的能力。

第二階段：危機控制

危機發生時，企業需迅速啟動處理機制，做到溝通與行動並行。包括：

- ◆ **即時對外發言**

    當危機來臨，第一時間對外發表聲明，表明企業的態度與負責任的決心，是穩定局勢的必要舉措。消費者需要看到企業正在面對問題，而非逃避責任。

> 有效的行動才能說服人，而不是情緒化的辯解。

- **多方利益關係人的協助**

    危機處理時,盤點並聯繫與品牌有關的利益關係人。基於平日建立的關係與信任,這些關係人可以為品牌發聲,甚至化解部分輿論壓力。

- **釐清真相與採取行動**

    在危機初期快速調查事實,並同步採取行動。例如,針對問題產品,迅速啟動召回或更換計劃。透過實際行動和不間斷的溝通,讓消費者感受到品牌的誠意與效率。

第三階段:危機修復

危機平息後,修復品牌形象的工作不可忽視。這是企業重新贏得信任的關鍵時刻,建議從這三個面向著手:

- **危機分析與改進計劃**

    針對危機的處理方式進行全面分析,評估哪些做法成功,哪些需要改進,並制定改進計劃,避免危機再次發生。

預防階段
- 風險評估查核
- 資源整合
- 成立危機團隊
- 建立資料庫
- 危機訓練
- 危機手冊

控制階段
- 評估多種情境
- 第一時間回應
- 發表新聞稿、聲明稿、媒體問答
- 採取解決行動

修復階段
- 意外分析
- 溝通做法評估
- 危機後調查
- 品牌修復計劃
- 持續監測

危機管理三階段

- ◆ 品牌修復行動

    透過品牌修復計劃挽回消費者信任。例如，開放客戶反饋機制，展現企業改善的決心；或通過公益活動、品牌故事的再傳遞，重新建立正面形象。

- ◆ 持續監測輿論

    危機過後，也不能鬆懈。品牌仍需密切監測新聞與社群聲量，確保負面影響逐漸減退。對於未解決的問題，即時採取補救措施。

在這個社群媒體快速發酵的年代，企業面對的危機更加即時且複雜。網友的批評可能在你尚未查清事實時已經鋪天蓋地。這時候，快速回應至關重要。如果選擇沉默，消費者可能解讀為默認或推卸責任。

很多企業主對於消費者直接在社群平台公開表達不滿，感到困惑甚至憤怒，但這是自媒體時代的趨勢，與其抱怨，企業更應學習如何管理這樣的聲音，並嘗試轉化成與消費者對話的機會。

危機管理不僅是短期的應急反應，更是長期的品牌建設

過程。從預防到控制，再到修復，每個階段都需要縝密的計劃和執行力。只有正視每一個細節，並從中吸取教訓，企業才能在風暴中安然度過，並用行動贏回大眾的信任。

處理危機前，先解決忿忿不平的心理關卡

危機總是來得突然，甚至毫無預警，但每次危機也是企業展現韌性和能力的機會。

危機處理絕對不要想得一百分，這是不可能的，因為你無法討好所有的人，我的經驗是你處理的再好，在社群媒體上還是會有人持不同的觀點批判你，或是不以為然。因此成功的危機處理，只要能減少損失就已經是萬幸。

> 每一次的危機，都是企業實力的展示場，也是成長的契機。

當危機發生，大眾並不在意企業是否完全無辜，而是希望看到當事人在面對問題時，展現擔當和解決能力。

正如Facebook創辦人祖克柏在個資危機後所言：「最重要的是，我們從這次事件中學到了什麼，未來如何變得更好。」每一次的危機，都是企業實力的展示場，也是成長的契機。

面對危機，大多數人的第一反應是混亂和情緒化，他們可能感到被冤枉，或認為自己是受害者，甚至會有濃厚的挫敗感。很多時候大眾會覺得，為什麼當事人總是拖拖拉拉、不在第一時間道歉，其實大多時候是因為，他們需要一個轉折的時間，平復他們的情緒，才能好好的面對問題。在這種情況下，公關人員的首要任務不是急著提出策略與建議，而是先成為一個良好的傾聽者，盡力強化當事人的心理素質！

讓當事人傾訴他們的委屈，並適時地安撫他們的情緒，是重建理性思維的第一步。當情緒平復後，公關才能引導客戶從「當事人」的角度，跳脫出來，考量「公眾的觀點」，進而研擬出合理的危機溝通策略。

幾年前，我接手一家知名餐飲品牌的危機處理。事情的

起因，是有消費者在用餐時發現食物中疑似有異物，並且拍下照片發布到社群媒體，立刻引發了網友的熱烈討論和批評。一時間，輿論紛紛指責品牌的食品安全管控不當，甚至有些人開始質疑品牌的整體衛生標準。

當我接到這個案件時，客戶的情緒極為激動，他們反覆強調公司一向對食品安全要求嚴格，認為這次事件可能是消費者刻意栽贓或者誤解，語氣中充滿了委屈和不滿，不斷向我抱怨：「我們怎麼可能犯這樣的錯？我們根本沒做錯什麼，為什麼會被這樣對待？」

在這種情緒化的氛圍中，我深知，直接進行溝通策略的討論只會適得其反。我做的第一件事就是，耐心地傾聽客戶的情緒，讓他們將心中的不滿和委屈全部說出來；我點頭附和，適時地安撫他們，並用冷靜的語氣說：「我了解您的感受，這確實是一件令人沮喪的事情，但我相信，透過正確的處理方式，我們可以逐步扭轉局勢。」

因此作為一個專業的公關人員，不止要具備公關的專業知識，也必需要有同理心，有時像心理輔導諮商師一樣，讓客戶感受到自己被理解、被支持，並引導他們從激烈的情緒

中逐漸冷靜下來。

當客戶情緒稍微穩定後,我開始和他們一起分析這次危機的本質。我提醒他們,消費者的指責可能並非針對個人,而是基於對食品安全的普遍關注,即使品牌本身沒有過錯,這次事件仍然可能讓消費者對品牌的品管產生疑慮。

我說:「如果我們站在消費者的角度來看,他們看到的是照片和一個未解決的疑問。他們想要的不是您的委屈,而是清楚的事實與解決方案。我們需要做的是向消費者表達品牌的責任感與解決問題的誠意,而不是一味地為自己辯解。」

這番話讓客戶陷入了思考,才逐漸從「受害者」的角色跳脫出來,開始正視危機的核心問題。經過深入討論,我們共同制定了危機處理的策略,包括以下幾個步驟:

1. 即時聲明:品牌透過自媒體發表公開聲明,表達對事件的高度重視,並承諾進行全面的調查。
2. 實地調查:馬上檢查涉事分店的食材來源與處理流程,確認是否存在問題。
3. 邀請第三方驗證:聯繫食品安全專家進行檢測,確

保調查結果的透明與公信力。
4. 直接溝通：主動聯繫該名消費者，向其致歉並詳細解釋事件的處理進度，展現品牌的誠意。
5. 後續跟進：在調查結束後，公開調查結果，向消費者展示品牌在食品安全上的專業和負責任的態度。

這場危機最終以圓滿解決告終。經過第三方機構的檢測，確認消費者所發現的異物並非來自該品牌的食品，而是其他外來物品。品牌將結果公開，並透過自媒體感謝消費者的反饋，並強調會持續加強食品安全監控，保障每一位顧客的權益。

這個案例讓我更加堅信，危機處理的第一步，是幫助客戶冷靜下來，重新思考問題的本質與公眾的視角。

> 危機處理最重要的是，我們從這次事件中學到了什麼，未來如何變得更好。
> —— Facebook 創辦人 祖克柏

危機處理的現實，全身而退不容易

如果你問我，危機處理的經驗中有沒有失敗的案例，當然會有。危機處理的過程必需要客戶、公關人員以及各領域專家所組成的危機小組共同討論，並且制定出最佳的策略。然而危機的發生是變動的，當事人的心理狀態，每個利益關係人的觀點，還有現代社群媒體上的留言，都可能發展出新的論戰。

而在危機小組中，律師與公關往往扮演不同的角色，當律師與公關立場不同，怎麼辦？

律師的建議通常是保持緘默，以免發言成為呈堂證供；而公關則主張透過溝通化解問題。這種分歧來自於戰場的不同：律師著眼於法庭，公關的戰鬥則是在輿論場。

以我在早期處理的一個外商案子為例：因廠區勞資糾紛升級為罷工抗議，律師建議客戶閉口不言以免節外生枝；但我認為，若不即時與員工對話，情勢只會更加惡化。最終客戶選擇聽從律師的建議，結果輿論壓力倍增，企業形象受損，問題解決更是遙遙無期。

危機溝通打的是「名聲保衛戰」，需要即時回應輿論。而司法程序雖然為長期戰略，但其結果往往來得太晚，無法挽回當下的形象損失。特別是在自媒體當道的時代，網路記錄會被長期保存，未來的合作夥伴或消費者很可能因此產生疑慮。

　　另一個勞資衝突危機案例，起因於廠外抗爭升溫，客戶最後決定由廠長出面說明。然而，律師建議採取強硬態度，拒絕妥協勞方提出的任何條件，而我提議採取柔性溝通，卻未能說服客戶。當時的應對結果，成為了一次深刻的危機公關教訓。

　　在抗爭現場，因律師建議採取嚴格安檢措施，所有到場的電視台記者都被警衛進行搜身檢查，引發記者的不滿與反感；而我當時的應對方式是，儘量緩和氣氛，引導記者進入廠區，並允許他們拍攝部分大廳，避免攝影記者因受阻而進一步擴大矛盾。

　　然而負面情緒已經累積，廠長在接受記者採訪時，態度和語氣過於強硬，無法展現出企業應有的包容與關懷。而其中一位攝影記者似乎因不滿搜身檢查，選擇以仰拍角度進行

第九章・企業與個人必修的危機管理課
223

拍攝，讓廠長看起來姿態更高傲、冷漠。最終，電視報導的呈現，大多偏向對企業不利的負面訊息，影像與語調塑造了該企業冷酷、不近人情的形象。

這次的危機處理並不成功。客戶沒有受過媒體訓練，在鏡頭前缺乏應有的溝通技巧；我與客戶也因為合作時間短，尚未建立足夠的信任與默契，因此無法說服客戶採取更適當的策略。

那段期間正值勞工與環保意識抬頭，企業錯失了正視趨勢、平息紛爭並化危機為轉機的關鍵時刻。最終，這場危機延燒數週，資方不得不做出重大讓步，才讓事態平息。這次經驗教會我三個極其重要的危機溝通原則：

1. 危機溝通前，必須接受媒體訓練

在鏡頭前發言需要技巧。企業主或發言人應該預先準備好可能被問到的問題，列出主要訊息，並練習如何展現誠懇、包容的態度。如果未經充分準備就貿然面對媒體，說錯一句話，都可能引發二次危機。

2. 尊重媒體工作，不要輕忽視覺的影響力

鏡頭是有力量的，它能放大語調、聲音、表情和肢

體語言的影響力。尤其是視覺媒體，其呈現方式會直接影響公眾對品牌的觀感。因此，尊重記者，給予合理的拍攝空間，才能避免因小失大。

3. **建立長期合作關係，提升危機處理的精準性**

    危機處理，說到底是一場「名聲保衛戰」，直接影響公司形象和聲譽。企業應保持高度和理性，通過語氣堅定、態度和緩的柔性溝通贏得公眾的支持。強硬態度或草率行動只會加深對立，甚至延長危機的壽命，相反地，真誠的溝通與穩健的應對，才能讓企業在危機中安然度過，轉危為安。

至於所謂「把危機變成轉機」，通常只適用於相對輕微的客訴或影響範圍不大的事件。真正涉及廣泛公眾利益或重大社會關注的危機，像是產品安全、環境污染，甚至牽涉人命的事件，處理起來更是難上加難。

> ❝ 危機預防就像打預防針，是保護品牌的第一道防線，需要細緻規劃與不斷演練。❞

有些企業試圖用廣告預算威脅或利誘媒體，試圖阻止負面新聞的曝光，但這樣做只會讓媒體反感，甚至激化事態。更重要的是，現在是自媒體當道的時代，人人都有發聲的權利，資訊傳播的速度遠超過以往，任何試圖掩蓋真相的行為，幾乎不可能成功，反而可能引發更大的反感。

如果危機牽涉到人命或公共安全，企業唯一能做的就是秉持人道立場，真誠地處理，盡最大努力顧及當事人及其家屬的情緒，讓事件平穩地落幕。

危機發生後，幾乎很少有「全身而退」的。企業主和危機處理團隊需要有一個清楚的心理準備，不論再怎麼努力，損害一定存在。我們能做的，是將影響控制在最小範圍內。

危機處理的真正核心，不在於能否完全挽回，而在於如何真誠面對問題，妥善應對，減少傷害。只要企業願意從中吸取教訓，調整策略，未來的每一次挑戰都將成為提升品牌價值的重要里程碑。

經歷過這麼多危機處理的經驗，我深刻體會到，當外界批評某家企業的危機處理不當，或者質疑某家公關公司的策略時，我絕不會加油添醋，因為事後諸葛很容易，但我們往

往並不了解背後的種種難處，從旁觀者的角度看，或許有很多「如果」和「應該」，但置身其中的壓力和複雜性，只有親身經歷才能體會。

我經常用一個問題提醒自己：如果我是這家企業的負責人，或是為他們服務的公關，面對同樣的情境，我能做得比現在更好嗎？這樣的反思不僅讓我對他人的處境多一分同理，也讓我時時警惕自己在類似的情況下應如何應對。

不能說的祕密怎麼辦？

在公關工作裡，真的會遇到「不能說」的時候。有些是企業的敏感訊息，有些則是涉及法律風險、商業機密，甚至是牽動他人利益的家醜。當媒體或外界追問時，既不能說謊，又不能完全公開，這確實是一個需要智慧的時刻。

為了有效應對這類問題，我建議將資訊進行分類，用三種不同類型，來決定如何表達。我相信運用訊息分類的策略之後，當事人就能比較有信心和底氣對外發言了。

類型1：一定要傳達的部分

這是危機溝通中不可缺少的核心訊息，也就是企業想要傳遞的「主要訊息」。例如，面對產品瑕疵或服務中斷等問題時，必須迅速表達出誠意和責任感，「我們正在全力調查，並承諾消費者，會在最短的時間內解決問題。」

不論記者如何發問，這部分訊息一定要清楚地表達出來，因為它代表了企業的立場和態度，是溝通的基石。

類型2：被問起才傳達的部分

這部分訊息通常比較有爭議性，但不是絕對不能公開。例如，企業內部的經營策略調整或與第三方的合作細節，如果主動提及，可能會引發外界誤解或過多的關注；但當記者提問時，可以選擇一個角度回答。

注意保持中立語氣，選擇不偏激、不激化的回答方式。例如：「目前這部分還在討論中，我們會在合適的時候對外說明。」

或是轉換焦點，將對話引導至積極層面。例如：「我們

目前的首要目標是解決現有問題,其他部分我們會依照計劃處理。」這樣既不逃避提問,也能保護企業利益。

類型3:現在不能、未來也不會傳達的部分

無論是牽涉到法律、商業祕密,或是對企業形象影響深遠的問題,這類訊息絕對不能公開。例如,內部調查結果中涉及個人隱私,或對公司、股東可能產生重大損害的細節。遇到這類情況時,有以下幾種應對策略:

- **委婉拒絕**:坦誠但不直接回答,例如:「這是一個內部問題,我們正在處理,感謝您的關注。」
- **引導到大局**:將焦點轉移至更廣義的企業目標或計劃,例如:「我們最關注的,是如何為消費者提供更好的服務,其他細節不便多談。」

> 危機管理如同消防演習,平日有準備,才能在真正的危機中從容應對。

◆ **避免說謊**：即使不公開，也不能捏造假消息來敷衍提問，因為一旦事實曝光，企業的信任度將大幅下降。

在不能說的情況下，最重要的是態度真誠，表達尊重，讓提問者感受到企業有努力解決問題的決心，而非刻意隱瞞。就算不能滿足對方的好奇，也至少要展現出應有的專業和責任感。

記住，**危機溝通的目的是「減少損害」，而非逃避問題**。面對敏感議題，坦誠地表示正在努力處理，並給出大方向的回應，往往能化解最直接的質疑。

我在這裡舉一個之前處理過的例子來說明。

某上市公司在星期五傍晚向我求助，當時公司的公關人員滿是焦慮地說：「怎麼辦？董事長和總經理在辦公室裡大吵了一架，董事長拍桌斥責總經理，結果總經理一氣之下辭職，董事長也當場批准了。現在總經理正在收拾東西準備離開。」更雪上加霜的是，幾位高階主管也表態要與總經理共進退。

這位公關擔心事情曝光後會釀成重大危機。畢竟，身為

上市公司，總經理的離職屬於重大訊息，不僅需要向金管會報備，還必須對外公告。這件事無法隱瞞，我便建議他們趕快起草新聞稿。

為了協助他們掌控訊息，我幫忙設計了一個核心標題：「某某公司因應網路時代來臨，組織重整，董事長兼任總經理。」這個標題不僅避免提及內部衝突，還突顯了公司因應數位化趨勢的策略，表現出積極的企業形象。內文則強調數位轉型對公司未來的重要性，並說明董事長在過渡期間親自掌舵，確保公司朝正確方向發展。

這就是第一類型「一定要傳達的部分」。它是企業想讓外界了解的核心訊息，也是新聞稿的主軸。

接著，我們準備好第二類型的訊息，也就是「被問起才傳達的部分」。針對記者可能提出的問題：「總經理為何離職？」、「他去了哪裡？」我們建議這樣回答：「總經理有個人生涯規劃，我們尊重他的選擇，公司不方便代為說明。」這種說法避免了更多揣測，也不會讓企業陷入是非紛爭。既回答了記者的疑問，又避免對外釋放不必要的細節。

最後，對於第三類型的訊息，即「現在不能，未來也

不能傳達的部分」，也就是內部的爭議本質：董事長和總經理因意見不合而大吵，最終拆夥，這類訊息屬於公司內部的「家醜」，若不是來自企業的官方說法，即便媒體有所猜測，也不能從公司口中得到證實。

坦誠以待，不說謊亦不失分寸

在撰寫新聞稿、聲明稿或面對媒體時，公關人始終堅持一個原則：不說謊。透過將訊息提前分層，捨棄不必要的細節，專注於正向的企業發展議題，如此一來既能保護公司的聲譽，又避免外界對內部紛爭的過度解讀。

面對複雜的內部爭議，善用訊息分層和正向敘述技巧，便能在保護企業形象的同時有效應對外界壓力。而「只談公司發展，不對員工批判」更是一條公關發言的黃金準則，值得所有企業借鏡。

在自媒體滿天飛的時代，議題不僅能引發關注，也可能成為危機的導火線。網友們往往不關心事件的真偽，只要話

題有趣,便樂於留言、起鬨,甚至不知不覺間成為「議題殺人」的幫兇。因此,無論是個人還是企業,都需要謹慎對待自己的言論和立場,**做議題的管理者,而非被議題掌控。**

對企業來說,議題若管理不當,容易從爭議焦點演變成輿論危機。在網路與社群媒體的生態中,議題成為吸引眼球的核心,輿論則跟隨議題風向起舞。

議題的產生通常來自於產業或社會現象,有的議題不僅容易激發討論,還能催生流量,進一步帶動商業價值。特別是在電商行銷中,流量可以轉換成購買力,這就是為什麼許多品牌的小編致力於創造話題,擴大聲量。

> ❝ 危機平息後的品牌形象修復,
> 是企業重新贏得信任的關鍵。❞

然而，議題並非一蹴而就，議題的走向往往超出發起者的掌控。即便最初能成功吸引目光，但隨著大眾關注重心的移動，或者因一句失言冒犯特定族群，原本的機會很可能演變成對品牌或個人形象的傷害。

在操作議題的時候也要考慮到大眾的觀點，別太以自我為出發點，否則就會反被議題所吞噬。

這讓我想起一個案例，台灣知名YouTuber因為上架一支「日本五家超難吃的連鎖地雷店」影片而遭炎上，引發廣大網友討論，雖然此影片獲得了很高的流量，但同時也為他帶來了危機，批評聲浪甚至一路燒到日本，引起日本網友的不滿，甚至公開點名不歡迎他再到日本。

事後他緊急將影片下架，並帶著團隊道歉，也發布日文版道歉聲明，這個事件代表了「**操作議題須謹慎，避免反被議題操控**」。切記，操作議題時，必需要很小心的觀察議題的氛圍，還有大眾多元的觀點，千萬不能得罪特定族群。

議題本身是一把雙刃劍，掌控得宜便能為品牌帶來曝光和流量，但稍有不慎，便可能反噬自身。企業和個人不僅需要學會設計議題，更要具備即時調整策略的能力，以應對不

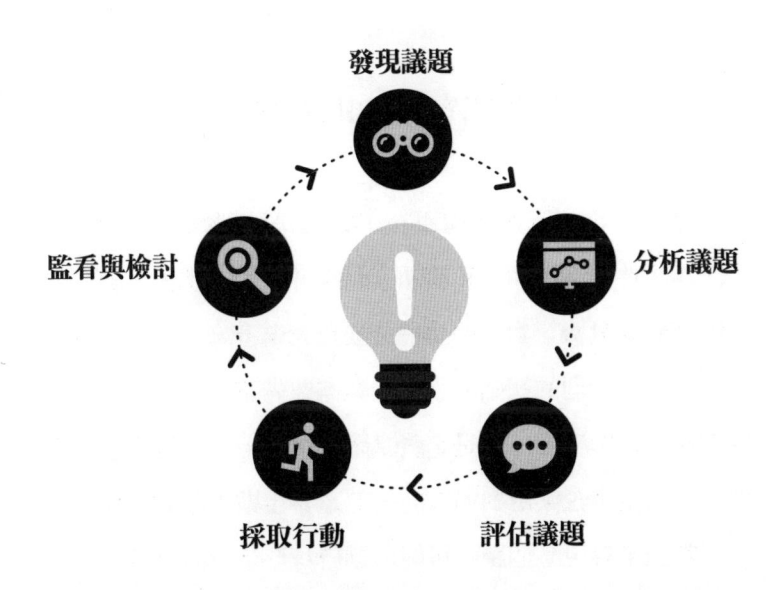

議題管理的循環流程

可預測的輿論風向。做議題的管理者而非被害者，不僅是一項技能，更是一種面對時代挑戰的智慧與態度。

議題管理的四種策略

當今社會，議題無處不在，尤其是社群媒體的助力之下，讓事件的發酵速度和範圍大幅提升，稍有不慎，議題就可能演變成危機，對品牌聲譽造成巨大傷害。

在議題管理的初始階段，企業需要先確定議題的本質、範圍與潛在影響，這就是定義議題的策略。這一過程至關重要，它決定了企業應對的方向，並影響後續策略的選擇。

當企業發現某個議題可能影響自身形象或業務時，首先要釐清議題的核心內容：是否涉及企業的產品、服務、價值觀，還是單純的市場誤解？以及議題的影響範圍：這是一個局部事件，還是可能擴散為社會議題？

以下介紹四種應對策略，幫助企業在不同情境下，妥善處理議題。

策略1：控制議題

當議題對品牌的影響微小，或發動攻擊者的影響力不高時，企業可以選擇控制議題的策略。這適用於單一事件或針對少數消費者的不滿案例，透過私下協調，迅速解決問題，避免負面訊息曝光。

例如，餐飲品牌因顧客投訴食物品質不佳時，可選擇直接與該顧客溝通，補償一份免費餐點並提供解釋。顧客滿意後，並未在自媒體上進一步抱怨，讓議題成功控制在小範圍內。

策略2：擁抱議題

當議題具有正面轉化的潛力，且處於友善環境中時，企業可以選擇擁抱議題。這需要企業勇於面對問題，並展現解決問題的領導力。

> 任何試圖掩蓋真相的行為，都可能引發更大的反感。

例如，某客運因營運成本增加宣布調漲票價，引發大眾強烈不滿，媒體及社群平台上出現大量批評聲浪，質疑票價漲幅過高、公共服務責任被忽略。此時可以擁抱議題召開記者會，解釋調漲票價的背後原因，包括營運成本上升、列車更新及基礎設施維護需求，並公開詳細數據，證明漲價是維持高品質服務的必要手段，並承諾票價調漲後將以更高標準回饋乘客。

策略3：擴大議題

當議題已經廣泛擴散，且負面影響無法避免時，企業應將焦點擴大到更大的範疇，轉移公眾注意力，並提出具體解決方案。

例如，多年前富士康深圳廠曾發生員工一連串跳樓事件，輿論質疑其為「血汗工廠」。鴻海創辦人郭台銘立即宣布大幅調薪，並改善員工工作環境。他不僅扭轉負面形象，並將焦點轉向「產業薪資結構」問題，成功平息輿論。

策略 4：迎戰議題

當企業掌握有力證據，且能清晰說明外界誤解或誹謗時，應主動迎戰議題，以透明、專業的態度回應，為自己伸張正義。

前面曾經舉例某遊學機構被家長投訴住宿環境惡劣，並附上學生睡地板的照片。業者迅速公開其他寄宿家庭的照片作為證明，並說明其為單一事件，再用積極的態度與家長溝通成功扭轉輿論，恢復品牌聲譽，這就是迎戰議題的策略。

議題管理是一場智慧與應變的較量。 從控制議題到迎戰議題，不同策略應用於不同的情境，關鍵在於快速判斷議題性質，選擇最合適的方式應對。企業若能掌握主動權，從容面對挑戰，甚至能將議題轉化為品牌價值的增長機會，真正成為議題的管理者，而非受害者。

危機後的檢討與反省

危機結束後的內部檢討至關重要，但不宜在危機處理中途進行，因為過早追責可能引發員工隱瞞事實，甚至影響判斷力。最佳的檢討時機是事件平息後，冷靜分析問題根源，制定改進策略。

危機的處理，最終考驗的是企業的智慧與韌性。以冷靜的態度理性應對，將溝通與行動有機結合，不僅能度過風暴，還可能贏得掌聲。最重要的是，危機也能成為提醒企業內部管理漏洞的契機，讓品牌變得更加強大。

在這個資訊透明、人人都有發言權的年代，企業必須正視每一個消費者的意見，無論是支持還是批評。面對客戶的投訴或網路上的論戰，制定一套清晰的服務準則和危機應對策略，是每家企業的必修課。

企業需要即時且同步處理危機，對內進行溝通，對外則要以堅定、理性和有高度的態度應對，不必過度隱忍，但也不能被情緒牽著走。在危機初期，社會風向常常傾向支持消費者或相對弱勢的一方，但當輿論失真、過度謾罵或情緒性

攻擊時，也會有理性的聲音出現，重新平衡討論方向。因此，保持冷靜並以正確的方式回應，不僅有助於危機的緩解，還能贏回大眾信任。

在這個「全員公關」的年代，危機後的檢討，是一次重新審視內部管理與教育訓練的絕佳機會。其實，許多危機源自內部的控管不嚴、流程漏洞或員工教育訓練不足。在爭議發生後，反而是加強員工溝通和培訓的最好時機，讓全公司知道，每個人都是公司品牌形象的大使，這樣才能有效降低未來問題的發生率。

記住，危機處理不只是解決眼前的問題，更是一次對內（員工）、對外（消費者），展現企業價值觀的關鍵時刻。正確的危機應對，不只能平息爭議，也有機會重新獲得認同，為品牌帶來新的正面形象。

▌公關心內話 ▌

小公關，大思維：
從台灣到全球的行銷啟蒙

我的第二份工作是在一家即將上市的電腦主機板公司「精英電腦」，擔任國際行銷主管。當時我是公司唯一的女性主管，壓力可想而知。我深知，自己的一舉一動都可能影響其他女性同事未來的升遷機會，因此我也更加努力，希望成為一個好榜樣。

這份工作讓我有機會帶領一個九成是女性的團隊，成員大多沒有公關背景，但他們充滿向心力，且樂於學習。我們完成了許多令人驚豔的行銷任務，這個經驗讓我深刻體會到，有願景的組織和目標明確的領導力，對於團隊成功的重要性。

這家公司有做國際行銷的夢想，但當時的實踐方式更像

是「國外銷售」，以研發為核心，通過經銷商將產品推向海外市場。品牌管理的概念尚未深植，各國分公司也各自為政，只希望總公司提供預算，而非參與具體行銷計劃。

為了突破這種模式，我為公司導入了企業識別系統（CIS）的概念，透過這套標準化的體系，和各國分公司建立了溝通和合作的基礎。這套系統幫助我們將品牌理念統一，再讓各國因地制宜地執行，實現「全球化思考，在地化行動（Think global, Act local）」的策略。

創意與執行：國際市場的首場公關秀

我們第一次大膽嘗試，在法國和西班牙舉辦記者會與展示會，展示台灣高科技實力。當時，主機板作為新穎產品，吸引了當地媒體的大量關注。這次活動不僅讓我初次接觸公關操作，也為我日後創業埋下了啟蒙的種子。

另一個亮點，是我們參加台北國際電腦展的創新策略。由於攤位空間有限，公司決定放棄一般的展覽攤位，改在附近的凱悅酒店租下總統套房，用於展示產品和接待外賓。這一創舉不僅為公司帶來尊榮形象，也成為當年展覽的最大亮

點,吸引了國內外媒體的廣泛報導。

這種跳脫框架的行動,解決了空間不足的問題,也提供了更好的洽談環境。事實證明,這種創意策略對公司聲譽和業務拓展的效果遠超預期。

這份工作讓我體會到,行銷不僅是推廣產品,更是解決問題的藝術。有時候,解決問題的方式並非直接攻克困境,而是以創新的視角找到全新的路徑。改變場地、時間或形式,往往能讓問題迎刃而解。

對於行銷人員來說,多觀察、多思考,捕捉趨勢,並保持解決問題的熱情,是成功的關鍵。而這份國際行銷的工作經驗,不僅開拓了我的視野,也為我後來的職涯打下了堅實的基礎。

第十章

擁抱公關思維，
實踐社會影響力

公關不是花錢的負擔,而是提升品牌價值的投資。
當品牌能夠在社會上留下有意義的足跡,
它的影響力將超越商業界限,
成為推動社會進步的重要力量。

許多B2B企業和中小企業常會質疑，自己是否需要投入公關資源。他們認為，客戶群並非普羅大眾，而是少數幾家企業，似乎沒有必要大張旗鼓地進行品牌推廣。然而，答案是肯定的，公關對B2B企業來說同樣重要。

公關的目的不僅僅是推廣產品，更在於協助企業建立知名度、維護品牌形象與聲譽。雖然這些影響力往往看不見摸不著，但它們能在人們心中留下深刻的印象，進一步提升企業的價值。

像台積電、NVIDIA這樣的B2B巨頭，即使面對的客戶多為其他企業，但它們的全球知名度和影響力完全不亞於任何消費性品牌。這些企業極為重視公關，並建立了卓越的團隊來經營利益關係人，包括投資人、政府、公協會、社區及企業社會責任（CSR）。

企業公關溝通的四種途徑

我認為在建立形象和聲望的關鍵策略上，B2B的企業公

關可以運用以下四大途徑進行溝通。

途徑1：CEO的形象建立

B2B企業的產品通常技術門檻高、不易讓大眾理解，因此，塑造CEO形象是為品牌注入溫度的有效方式。透過創辦人的故事、背景、經營理念與價值觀，不僅能傳遞品牌精神，也能成為媒體感興趣的亮點。

例如，台積電創辦人張忠謀以「誠信」為核心價值，強調公司對客戶的承諾和責任，他所撰寫的《張忠謀自傳》，更為他的領導風範注入了真實的溫度，這種言行一致的領導風格，讓外界對企業充滿信任與尊敬。

途徑2：成為意見領袖

B2B企業除了追求市場占有率，更應該努力在專業領域成為意見領袖。透過舉辦或參與年會、論壇、學術合作，企業可以闡述前瞻性的理念，展現對產業的貢獻。最重要的是塑造專業領域的影響力。

大多國際科技大廠都會自行舉辦或參與開發者技術論

壇，在技術論壇上不僅可以展示創新技術，也發表對科技趨勢的見解，吸引全球產業專家和媒體參與，鞏固其在科技界的領導地位。

這種策略展現的不僅是企業的專業性，也傳遞了「我們有責任引導產業未來」的格局與抱負。

途徑3：落實企業社會責任（CSR）

越大的企業，越需要有明確的CSR觀念。對B2B企業而言，CSR不只是履行社會責任，也是一種建立品牌親和力、累積信任，拉近與大眾距離的策略工具。透過長期投入公益活動、支持在地團體，或與弱勢族群建立連結，都是企業展現其人文關懷、強化與社會互動的正向影響力。

例如：全聯福利中心的急難救助專案，透過愛心福利卡服務，幫助受助家庭度過難關；麥當勞透過支持在地的「麥當勞叔叔之家慈善基金會」，為遠地就醫家庭提供免費住宿關懷服務。這些行動雖然無法直接創造營收，卻能深化品牌價值，進一步贏得社會信任。

途徑 4：建立企業文化

一家公司能否吸引頂尖人才，往往取決於企業文化的建立與落實。企業文化應該由創辦人理念出發，透過 CEO 和高階主管的言行一致，不斷對內傳遞，逐漸形成。例如，亞馬遜的「六頁報告（6 pager）」，不僅展現了其高效、聚焦的企業作風，也吸引了無數認同這種理念的優秀人才。

對於 B2B 企業而言，堅實的企業文化不僅有助於內部向心力，對外也能增強企業形象，進一步提升品牌影響力。

台灣有許多隱形冠軍企業，產品品質卓越，但在公關溝通上的資源投入卻往往不足，錯失提升品牌影響力的機會。台灣的企業領導人若有公關思維，必定能讓企業邁向另一個高度。

> ❝ 一家公司能否吸引頂尖人才，往往取決於企業文化的建立與落實。❞

B2B的公關不需要過於花俏,但卻是不可或缺的經營策略。當公關被妥善運用,它不僅能讓企業名聲遠播,更能成為企業邁向下一個高度的重要推手。

新創企業或中小企業,需要公關嗎?

台灣的新創企業和中小企業,常會對公關的必要性存有疑惑。許多企業主認為,公關是大企業的專利品,自己規模小、資源有限,可以不必投入。然而,在競爭激烈的市場中,公關不僅僅是媒體曝光的工具,更是一種建立形象、增強影響力的重要策略。

無論企業大小,公關的思維應該在企業早期就植入。新創企業和中小企業或許資源有限,但可以從以下幾方面著手,建立基礎:

◆ **專注產品與團隊管理**:優秀的產品與高效的團隊,是企業生存的根本。打造值得信賴的產品與和諧的企業文化,是公關工作的第一步。

- **經營自媒體**：善用官網、粉絲專頁、LinkedIn等平台，清楚傳達公司的理念、願景與產品特色，讓外界逐步了解並信任企業。
- **釐清利益關係人**：包括股東、投資人、供應商、客戶與員工，透過定期溝通、回饋與分享，建立良好的互動，增強支持力度。
- **重視內部溝通**：員工是最好的品牌大使，若能從一開始就做好內部傳播，形成一致的企業理念與價值觀，將大幅增強企業的外部形象。

　　中小企業雖然資源有限，但如果好好運用公關，不一定需要大筆預算。重點是抓住對的議題與時機，說一個動人的故事，就能吸引關注。就像第八章提過的案例：日本中小企業改造辦公室，透過創意結合創辦人理念的空間設計，讓這家公司不僅提升了內部士氣，還因為特殊設計吸引媒體報導，成為地區亮點。

　　我還有一位新創業的學生，由於苦於沒有資源找人才，於是發想了一場充滿創意的徵才活動，吸引眾多應徵者與媒

體注意。他讓候選人扮演該公司的CEO，針對不同挑戰模擬情境，思考並提出解決方案，再進行現場簡報和相互評分。這種不拘一格的方式，不僅挑選出優秀人才，也讓公司聲名大噪。

許多企業主在成立早期未意識到公關的重要性，等到公司成長時，才後悔未即時建立知名度與影響力。其實，公關的價值不僅限於推廣產品，還包括協助企業與不同的利益關係人溝通，讓品牌形象更具溫度與影響力。

公關不是花錢的負擔，而是提升品牌價值的投資。無論企業規模大小，重視公關思維，都能為未來的發展奠定基礎。資源有限的新創企業，或許不能撒大錢投廣告或舉辦大型活動，但用對策略、講好故事，也能用最小的成本創造最大的聲量。

企業發言人的角色與工作

發言人是企業對外溝通的重要代表，無論是CEO、財

務長、公關長,還是專業發言人,他們都承擔著傳遞企業訊息、應對媒體和處理危機的關鍵角色。隨著資訊越加透明,發言人已成為企業形象不可或缺的一部分。發言人的重要性及主要的職責包括:

1. **統一對外聲音**

    發言人是企業的官方代言人,確保傳遞的訊息一致且準確,避免外界對企業立場產生誤解。無論是介紹新產品、回應媒體提問,還是處理突發危機,發言人都需要扮演穩定而權威的角色。

2. **塑造企業形象**

    發言人經常出現在媒體和公眾面前,他們的形象和表現很可能就是外界對企業的第一印象。因此,選擇一位誠懇、有說服力、能表現品牌精神的發言人,對企業形象有直接影響。

> 用對策略、講好故事,也能用最小的成本創造最大的聲量。

3. 危機管理的重要角色

當企業面臨危機時,發言人是第一道防線。他們不僅要快速應對輿論壓力,還需要冷靜引導公眾情緒,為企業爭取時間和空間。

一個好的發言人可以讓品牌聲譽提升,而一個表現不佳的發言人可能讓企業陷入更深的危機。至於發言人的條件與培養,我認為有幾個重點要思考:

- ◆ 深入了解組織:發言人必須完全掌握企業的政策、理念和品牌核心精神,能夠準確傳遞企業的立場。
- ◆ 企業領導人的信任:發言人需要成為企業主或高層的「代言人」,能將企業最高決策者的想法,用公眾易懂的語言表達出來。
- ◆ 媒體互動能力:熟悉媒體生態,了解新聞角度,能與記者良性互動,是發言人不可缺少的技能。
- ◆ 清晰的溝通能力:發言人需要語言簡潔、**邏輯清楚**,能用恰當的語氣解答問題,即使在壓力下也能有條不紊地應對。

- ◆ 堅守職責界線：發言人應該知道什麼該說、什麼不該說，對於敏感話題要能穩重回應，絕不鬆口。
- ◆ 專業形象管理：發言人經常上鏡頭，他們的儀表和穿著直接影響外界對品牌的觀感。

在社群媒體時代，發言人面臨更多的挑戰。他們需要二十四小時在線，應對來自不同平台的聲音，同時還要迅速回應突發事件。這使得發言人不僅需要強大的溝通能力，還要有極佳的情緒管理能力和應變能力。

越來越多年輕人夢想成為企業或政府的發言人，這不僅是因為這份工作光鮮亮麗，更因為它是一個結合責任感與影響力的職位。隨著發言人的角色越加被重視，我們可以期待看到更多專業、出色的企業發聲代表，為品牌形象注入不一樣的生命力。

小編不只是小編,也是企業形象守門員

如果發言人是站在幕前、代表企業對外發聲的門面;小編則是隱身幕後,默默觀察社群脈動的守門員,是現代企業維護形象的第一道防線。

在社群媒體當道的年代,小編不僅負責粉絲專頁的運營,更承擔著品牌聲譽守門員的重要責任。這不僅需要創意和敏銳度,還需要具備公關人的專業素養。

公關的核心之一是議題管理。長期監看媒體、分析輿論走向,並提早發現可能對公司造成影響的議題,都是公關人員的重要職責。而小編作為企業社群的「第一接觸點」,也必須具備議題管理的能力,特別是在即時應對網路輿論時,小編往往是第一個接招的人。

小編的日常,常常是為了吸引粉絲,翻找流行議題、緊貼社會熱點,創造話題與流量。然而,這些操作若不經過細緻的考量,很可能埋下危機的種子。例如:為了追求話題,使用偏激或不合時宜的幽默感,可能因為過度玩笑帶來負面效果,冒犯到特定族群或敏感議題,導致企業形象受損。

當粉絲專頁或社群媒體成為企業與消費者溝通的重要窗口，小編的角色已經從純粹的內容製作者，轉變為品牌形象的守護者。他們的一言一行，都可能直接影響消費者對品牌的觀感。

因此，不要忽視小編的重要性，所有的小編都需要建立公關思維，包括培養危機意識，法律常識，以及應變能力。

企業不應等閒視之，讓小編僅僅停留在「寫文案、做短影音」的層次，而應提供必要的訓練與資源，讓他們成為合格的「形象守門員」。唯有如此，才能在社群浪潮中，穩住品牌形象，為企業爭取更多支持者的信任與喜愛。

> 在社會上留下有意義的足跡，讓影響力超越商業界限，成為推動進步的力量。

社會責任怎麼做，才讓品牌更加分？

前面談到的企業社會責任（CSR）已成為全球企業治理的重要課題，不僅是大型上市公司，就連中小企業也應該思考如何將CSR融入經營模式。目前全球的趨勢也已將CSR納入ESG（企業永續發展指標）的範圍去考量，期盼在社會影響力方面注入更多支援。

現在的CSR不僅僅是捐款或做公益，它真正的價值在於與品牌精神結合，創造長期的社會影響力，並在此過程中提升品牌形象和商業價值。

實踐CSR的方式包括：友善對待環境與利害關係人，並且在日常營運中落實社會公平正義，從員工照顧、產品責任、在地發展到公司治理，涵蓋方方面面。例如，台灣萊雅不僅致力於環保與公益，還推動女科學家獎項，展現了企業在教育和性別平等上的影響力。

現代年輕人找工作，不僅看薪資，更看公司的理念是否與自己價值觀契合。重視CSR的企業往往能吸引理想主義者加入，如此一來不僅強化團隊，也在無形中提升企業文化

的吸引力。

有些企業認為做CSR浪費錢,但我們可以來看以下兩個案例,CSR如何為企業加分。

1. TOMS的買一捐一模式

    有名的TOMS鞋創辦人布雷克・麥考斯基(Blake Mycoski)將公益融入商業模式,推出「買一捐一」,即每賣出一雙鞋,就捐出一雙給需要的孩子。這一模式不僅打響了品牌知名度,還贏得全球消費者的信任。TOMS的成功證明了「公益與商業並不矛盾」,反而能相輔相成。

2. 台灣品牌的在地實踐

    ◆ 茶籽堂:以友善環境和在地創生為核心,協助宜蘭朝陽社區復興,鼓勵年輕人回鄉,對地方經濟和環境產生正向影響。

    ◆ 社企流與GIVE543贈物網:這些新創企業結合共享經濟與環保理念,透過平台將資源重新分配,滿足弱勢需求,創造社會價值。

CSR已成為顯學,也是企業和品牌「取之於社會,用之於社會」的思維。它背後的思考是,身為知名品牌,既然從社會和消費者身上獲取資源,那麼行有餘力後,更應該回饋給社會和消費者,幫助社會更好。

這是重視形象的企業,會有的高度。

個人品牌也是社會影響力的實踐者

個人也是如此,宏觀一點,身為人類,應該如何將自己活好,不造成社會負擔?進一步做什麼有意義的事,對周遭環境和社會有貢獻?這樣思考,格局就會提高。

我們最基本的社會責任就是活好自己,盡量不成為他人的困擾。因此我們應該思考如何為這個社會的環境做出貢獻,才能展現生命的意義。我個人覺得有三個面向可以盡一己力。

1. 善待自己與他人:無論是在職場、家庭還是社會中,保持身心健康,努力提升自己的價值,善待身

邊人，都是為社會做貢獻的第一步。
2. 環境友善：減少浪費、支持永續產品、選擇對環境友善的生活方式，讓地球的資源能延續給下一代。
3. 參與公益活動：在力所能及的範圍內，將時間或技能回饋給需要幫助的人或社區，能為社會注入正向能量。

我常常提醒大家思考一個問題，如果你正在經營個人品牌，或已經是名網紅或YouTuber，除了圈粉、擁有眾多粉絲和賺錢外，還有什麼是應該做的？

這個問題想要傳達的重點是，KOL就是有影響力的人，**有影響力的人更應該做有影響力的事，這才是經營個人品牌的終極意義**。若能以身作則，以真、善、美的心，用行動鼓勵更多粉絲正面思考，向上提升，讓這個社會更好，那便是一個令人尊敬的品牌思維，在此，我同時認為有三個面向可以實踐：

1. 推動正向價值：藉由內容創作，倡導環保、社會公平、健康生活等議題，讓觀眾在娛樂之餘，也能學

到有益的價值觀。

2. 運用自身影響力影響更多人，實踐真善美：公開支持公益活動，或拋磚引玉、付出行動，例如號召捐款、分享慈善活動經驗，甚至直接參與社會議題，讓觀眾看到「影響力」的真實意義。

3. 謹慎言行，避免誤導：在面對爭議性話題時，避免散播不實資訊或情緒性發言，以專業和誠信為基石，建立令人信賴的形象。

當品牌能夠在社會上留下有意義的足跡，它的影響力將超越商業界限，成為推動社會進步的重要力量。正如《蜘蛛人》中的名言：「能力越大，責任越大。」企業影響力越廣，就越應該擔起社會責任。對個人品牌而言，擁有更多粉絲也意味著更大的責任，利用影響力推動正向改變，是每個品牌、每個人的使命與機會。

我想送給大家一句話：利他，就是利己。

當企業投入CSR或ESG，不僅能夠提升形象，增加消費者的信任，還能讓員工的認同感上升，這些都將對企業的競

爭力帶來長期助力。

CSR和ESG已經不再是選擇題，而是現代企業永續發展的必備條件。如果你是一位企業主，記住一件事：**善待他人，最終也會成就自己。**

—— **寫在最後** ——

每個公關人背後，都有精彩的故事

公關，深深地改變了我的人生。如果沒有公關，我不會成為今天的我。它讓我的生活豐富多彩，教會我謙虛、理解與同理心，更幫助我成為一個更好的人。

作為一門學問，公關的定義廣泛而深遠，人們對它的解讀也各有千秋，很難用幾句話概括公關的全貌。

因此，在下筆撰寫時，我刻意避免說教，而是希望透過故事與經驗，讓那些不熟悉公關的人，對它產生興趣並建立基礎認識。

公關與品牌的關係密不可分，它能提升品牌的形象、知

名度與聲譽。這些「無形資產」，正是公關的價值所在。也因為如此，我常說公關是一門藝術。既然是藝術，就如同「如人飲水，冷暖自知」。公關的運用方式與分寸拿捏，決定了它會產生什麼樣的效果。

　　然而，世間並非完美。有些人利用公關達到不正當目的，這便是人們誤解公關的由來。但儘管如此，我依然相信，市場上有更多正直而專業的公關人，他們默默地奮鬥著，為品牌和組織付出不懈的努力。他們是企業的幕後英雄，值得我們由衷敬佩。

　　寫這本書時，我想起了公關工作中無數個酸甜苦辣的瞬間，那些不眠不休的夜晚，為品牌挺身而出的決策，化解危機後的喜悅，還有和夥伴們攜手度過難關的溫暖時刻。這些都是我珍貴的生命片段，也因為這些經歷，我更加相信，公關是一門令人尊敬的藝術。

獻給想成為有影響力的人

這本書不僅獻給敬業的公關人，也獻給每一位希望在這個資訊爆炸的時代，運用影響力塑造品牌、改變輿論、傳遞價值的人。無論你是企業公關、品牌行銷人，還是渴望成為有影響力的網紅或 YouTuber，都應該明白：**真正的影響力不只是短期的聲量，而是長期的信任與價值累積。**

對於公關人來說，這是一條既充滿挑戰，也充滿成就感的道路。你可能會在黑夜裡寫稿，清晨回應媒體詢問，面對突如其來的危機，或在風暴中堅持品牌立場。但當你看見品牌形象因你的努力而強化，消費者因你的溝通而建立信任，你會明白，這一切值得。

對於想成為網紅或 YouTuber 的你，請記住，**影響力不是來自流量數字，而是來自內容的深度、真誠與一致性。**短暫的話題能帶來關注，但能長久影響他人的，往往是那些真正站穩立場、勇於負責的聲音。當你能夠有效地管理議題、建立自己的品牌價值，你將不只是網紅或 YouTuber，而是一個能夠改變觀點、引領趨勢的意見領袖。

這本書,希望成為你們的指南,也希望能在每一次溝通的抉擇、每一次危機的應對中,給你帶來啟發與力量。**公關的價值不在於話術,而在於影響;影響的核心不在於數據,而在於信任。**願你們在這條路上,不僅走得遠,更能帶著使命感與熱情,走出屬於自己的影響力。

天下財經 594

超級影響者的密碼
在自媒體時代,掌握話語權、說好自己故事,
丁菱娟解密品牌╳公關╳溝通方程式,助你放大影響力!

作　　者／丁菱娟
封面設計／FE Design
封面攝影／張家禎
內頁排版／邱介惠
責任編輯／何靜芬

天下雜誌創辦人暨董事長／殷允芃
出版部總編輯／吳韻儀
出　版　者／天下雜誌股份有限公司
地　　址／台北市 104 南京東路二段 139 號 11 樓
讀者服務／(02) 2662-0332　傳真／(02) 2662-6048
天下雜誌GROUP網址／http://www.cw.com.tw
劃撥帳號／01895001天下雜誌股份有限公司
法律顧問／台英國際商務法律事務所・羅明通律師
製版印刷／中原造像股份有限公司
總　經　銷／大和圖書有限公司　電話／(02) 8990-2588
出版日期／2020年8月3日第一版第一次印行
　　　　　2025年8月5日第二版第一次印行
定　　價／400元

ALL RIGHTS RESERVED

書　號：BCCF0594P
ISBN：978-626-7713-30-3(平裝)

直營門市書香花園　地址／台北市建國北路二段6巷11號　電話／02-2506-1635
天下網路書店　shop.cwbook.com.tw　電話／02-2662-0332　傳真／02-2662-6048
本書如有缺頁、破損、裝訂錯誤,請寄回本公司調換

國家圖書館出版品預行編目(CIP)資料

超級影響者的密碼:在自媒體時代,掌握話語權、說好自己故事,丁菱娟解密品
牌 ╳ 公關 ╳ 溝通方程式,助你放大影響力!／丁菱娟著．-- 第二版．-- 臺北市：
天下雜誌股份有限公司, 2025.08
272 面 ; 14.8×21 公分．--(天下財經 ; 594)
ISBN 978-626-7713-30-3(平裝)
1. CST: 公共關係　2. CST: 品牌行銷　3. CST: 職場成功法
541.84　　　　　　　　　　　　　　　　　　　　　　　　　114009673

天下 雜誌出版
CommonWealth
Mag. Publishing